Medicina Legal e Perícias Médicas

O GEN | Grupo Editorial Nacional – maior plataforma editorial brasileira no segmento científico, técnico e profissional – publica conteúdos nas áreas de concursos, ciências jurídicas, humanas, exatas, da saúde e sociais aplicadas, além de prover serviços direcionados à educação continuada.

As editoras que integram o GEN, das mais respeitadas no mercado editorial, construíram catálogos inigualáveis, com obras decisivas para a formação acadêmica e o aperfeiçoamento de várias gerações de profissionais e estudantes, tendo se tornado sinônimo de qualidade e seriedade.

A missão do GEN e dos núcleos de conteúdo que o compõem é prover a melhor informação científica e distribuí-la de maneira flexível e conveniente, a preços justos, gerando benefícios e servindo a autores, docentes, livreiros, funcionários, colaboradores e acionistas.

Nosso comportamento ético incondicional e nossa responsabilidade social e ambiental são reforçados pela natureza educacional de nossa atividade e dão sustentabilidade ao crescimento contínuo e à rentabilidade do grupo.

Yuri Franco **Trunckle**
Cristina Akemi **Okamoto**

COORDENAÇÃO
Renee do Ó **Souza**

Medicina Legal e Perícias Médicas

- Os autores deste livro e a editora empenharam seus melhores esforços para assegurar que as informações e os procedimentos apresentados no texto estejam em acordo com os padrões aceitos à época da publicação, e todos os dados foram atualizados pelos autores até a data de fechamento do livro. Entretanto, tendo em conta a evolução das ciências, as atualizações legislativas, as mudanças regulamentares governamentais e o constante fluxo de novas informações sobre os temas que constam do livro, recomendamos enfaticamente que os leitores consultem sempre outras fontes fidedignas, de modo a se certificarem de que as informações contidas no texto estão corretas e de que não houve alterações nas recomendações ou na legislação regulamentadora.
- Fechamento desta edição: *10.01.2022*
- Os Autores e a editora se empenharam para citar adequadamente e dar o devido crédito a todos os detentores de direitos autorais de qualquer material utilizado neste livro, dispondo-se a possíveis acertos posteriores caso, inadvertida e involuntariamente, a identificação de algum deles tenha sido omitida.
- **Atendimento ao cliente:** (11) 5080-0751 | faleconosco@grupogen.com.br
- Direitos exclusivos para a língua portuguesa
  Copyright © 2022 by
  Editora Forense Ltda.
  Uma editora integrante do GEN | Grupo Editorial Nacional
  Travessa do Ouvidor, 11 – Térreo e 6º andar
  Rio de Janeiro – RJ – 20040-040
  www.grupogen.com.br
- Reservados todos os direitos. É proibida a duplicação ou reprodução deste volume, no todo ou em parte, em quaisquer formas ou por quaisquer meios (eletrônico, mecânico, gravação, fotocópia, distribuição pela Internet ou outros), sem permissão, por escrito, da Editora Forense Ltda.
- Capa: Bruno Sales Zorzetto
- **CIP – BRASIL. CATALOGAÇÃO NA FONTE.**
  SINDICATO NACIONAL DOS EDITORES DE LIVROS, RJ.

T792m
2. ed.

Trunckle, Yuri Franco
Medicina legal e perícias médicas / Yuri Franco Trunckle, Cristina Akemi Okamoto; coordenador da coleção Renee do Ó Souza – 1. ed. – Rio de Janeiro: Método, 2022.
192 p.; 21 cm. (Método essencial)

Inclui bibliografia
ISBN 978-65-5964-320-2

1. Medicina legal – Brasil. 2. Perícia médica – Brasil. 3. Perícia (Exame técnico) – Brasil. I. Okamoto, Cristina Akemi. II. Título. III. Série.

21-75198   CDD: 614.1
      CDU: 340.6

Camila Donis Hartmann – Bibliotecária – CRB-7/6472

Prefácio

Este trabalho tem como objetivo fornecer um material de resumo e consulta tanto para operadores do Direito como para colegas médicos e acadêmicos.

Exporemos os principais temas de estudo e aplicação da ciência médico-pericial e que por conseguinte atende aos conhecimentos cobrados em concursos Brasil afora, tornando esta obra versátil e aplicável em diversas circunstâncias dos seus estudos esclarecendo de forma didática e objetiva conceitos e métodos pertinentes a esta área do conhecimento médico.

A Medicina Legal e Perícias Médicas é antiga em sua aplicação de conhecimentos, mas relativamente nova em termos de especialidade consolidada e independente em nosso país – como trazemos no capítulo introdutório. Portanto, temos a certeza de que a boa formação profissional nela é fundamental para nossa sociedade e pretendemos também deixar isso claro a você que lê este trabalho, demonstrando em diversos momentos sua importância fazendo jus à "razão de ser" da Medicina Legal e Perícias Médicas: servir direta e indiretamente à justiça.

Os Autores

Sumário

Capítulo 1

O que é Medicina Legal e Perícia Médica? 1

1.1 Histórico... 2
1.2 Quais as áreas de atuação?................................ 4
1.3 Como é a formação em Medicina Legal e Perícias Médicas?... 5
1.4 Perícia médica: o que fazemos e como fazemos?............. 7
1.5 Normas para a perícia médica............................. 10
   1.5.1 Responsabilidade civil e criminal do perito 10
   1.5.2 Responsabilidade ética do médico perito 13

Capítulo 2

Quais os principais documentos de interesse médico-legal? 25

2.1 Atestado médico 25
2.2 Atestado de óbito 27
2.3 Laudo médico-legal ("Relatório médico-legal").......... 28
2.4 Parecer médico-legal 31

Capítulo 3

Lesão corporal 33

3.1 Classificação quanto à gravidade 34
3.2 Exame complementar 37
3.3 Exame cautelar em detentos............................. 37
3.4 Portaria nº 1 do IML/SP, de 12 de agosto de 2014 38

viii Medicina Legal e Perícias Médicas

Capítulo 4

Traumatologia forense.. 41

4.1 Energias de ordem física mecânicas................................. 42
4.2 Lesão punctória... 43
4.3 Lesão incisa.. 43
4.4 Lesão perfuroincisa... 45
4.5 Lesões contusas.. 46
4.6 Lesão cortocontusa... 49
4.7 Lesão perfurocontusa.. 50
4.8 Sintetizando o estudo sobre as lesões mecânicas.............. 55
4.9 Energias de ordem física não mecânicas........................... 57
4.10 Energia térmica.. 58
　4.10.1 Calor.. 59
　　4.10.1.1 Ações difusas do calor... 59
　　4.10.1.2 Ações locais do calor... 60
　4.10.2 Frio.. 61
　4.10.3 Energia elétrica.. 62
　　4.10.3.1 Fulminação.. 63
　　4.10.3.2 Eletroplessão... 63
　4.10.4 Energia barométrica... 64
　　4.10.4.1 Baixas pressões... 65
　　4.10.4.2 Altas pressões... 67
　4.10.5 Energia radiante... 70
　4.10.6 Energias de ordem química... 71
　　4.10.6.1 Cáusticos... 71
　　4.10.6.2 Venenos... 73
　4.10.7 Energias de ordem físico-químicas – asfixiologia......... 75
　4.10.8 Constrição cervical... 76
　　4.10.8.1 Enforcamento.. 76
　　4.10.8.2 Estrangulamento... 77
　　4.10.8.3 Esganadura... 78
　　4.10.8.4 Sufocação direta.. 79
　　4.10.8.5 Sufocação indireta... 79
　　4.10.8.6 Soterramento.. 80
　　4.10.8.7 Confinamento.. 80
　　4.10.8.8 Asfixia por gases inertes...................................... 80
　　4.10.8.9 Afogamento... 80

Sumário ix

Capítulo 5

Sexologia forense 83
5.1 Crimes sexuais 83
5.2 Conjunção carnal 85
5.2.1 Como se determina a rotura himenal? 86
5.3 Outros atos libidinosos 88
5.4 E o médico assistente? 88
5.5 Aborto 90
5.5.1 Aborto seletivo 92
5.5.2 Perícia médica no aborto 93
5.6 Infanticídio 94
5.6.1 Perícia médica no infanticídio 94
5.6.1.1 Determinação de vida extrauterina 95

Capítulo 6

Tanatologia forense 97
6.1 Diagnóstico de morte 97
6.2 Tipos de morte 98
6.3 Cronotanatognose 98
6.4 Fenômenos cadavéricos abióticos ou avitais 99
6.4.1 Imediatos 99
6.4.2 Consecutivos 99
6.5 Fenômenos cadavéricos transformativos 100
6.5.1 Destrutivos 101
6.5.2 Conservadores 103
6.6 Necropsias especiais 104
6.6.1 Cadáveres putrefeitos 104
6.6.2 Cadáveres carbonizados 104
6.6.3 Cadáveres fragmentados 105
6.6.4 Cadáveres esqueletizados 106
6.7 Entomologia forense 106
6.8 Estimativa do intervalo pós-morte 107

Capítulo 7

Antropologia forense 109
7.1 Identificação médico-legal ou antropológica 109

x Medicina Legal e Perícias Médicas

7.2 Identificação judiciária e policial 111
   7.2.1 Métodos de classificação 111
7.3 Sistema datiloscópico de Vucetich 112
   7.3.1 Classificação 112
   7.3.2 Representação 113
   7.3.3 Pontos característicos 114

Capítulo 8

Criminologia 115

8.1 Criminologia clínica 115
8.2 Escolas criminológicas 115
8.3 Classificações 116
8.4 Fases do crime 117

Capítulo 9

Criminalística 119

9.1 Local de crime 120
9.2 Perícia do local do crime 122
9.3 Aspectos doutrinários 123
9.4 Balística forense 125
9.5 Laboratório forense de DNA 127
9.6 Manchas de sangue 127
9.7 Cadeia de custódia 129
   9.7.1 Etapas da cadeia de custódia 130
      9.7.1.1 Fase externa 130
      9.7.1.2 Fase interna 131
      9.7.1.3 O que deve ser informado 131
   9.7.2 Responsabilidade da cadeia de custódia 132

Capítulo 10

Genética forense 133

10.1 Conceitos 133
10.2 Projeto Genoma Humano 133

10.3 Identificação humana 133
10.4 Quais os desafios para análise de DNA forense? 134
10.5 Processo 134
10.6 Investigação de paternidade 135
   10.6.1 O teste genético de DNA é infalível na comprovação de paternidade? 136
   10.6.2 Quais os outros métodos? 137

Capítulo 11

Perícias cíveis 139

11.1 Danos associados aos cuidados de saúde 139
11.2 Considerações relativas ao processo penal 140
11.3 Considerações relativas ao processo cível 141
   11.3.1 Responsabilidade 142
   11.3.2 Processo 143
11.4 Avaliação médico-legal 144
11.5 Capacidade civil 146

Capítulo 12

Perícia trabalhista 149

12.1 Avaliação médico-pericial 153
   12.1.1 Vistorias com foco em ergonomia 154
   12.1.2 Vistorias com foco em insalubridade e periculosidade 154

Capítulo 13

Perícia previdenciária 157

13.1 Documentos médicos 158
   13.1.1 Resolução CFM nº 1.658/2002 158
   13.1.2 Hierarquia dos atestados (Lei nº 605/1949) 159
13.2 Tipos de nexo com o trabalho 160
13.3 Perícias no INSS 161
13.4 Reabilitação profissional 163
   13.4.1 Lei nº 8.213/1991 164

xii Medicina Legal e Perícias Médicas

Capítulo 14

Psiquiatria forense 167

14.1 imputabilidade penal.. 168

14.1.1 Código Penal, Capítulo III 168

14.1.2 E a capacidade de se determinar? 169

14.2 Adequando os termos da norma 169

14.3 O que se aplica aos inimputáveis? 170

14.4 Quais os tipos de exames?..................................... 170

14.4.1 Insanidade mental 170

14.4.1.1 Quem solicita este exame?....................... 170

14.4.1.2 Qual o desafio pericial?............................ 170

14.4.1.3 E quando o réu, já cumprindo pena, apresenta quadro de transtorno mental? 171

14.5 Dependência toxicológica... 171

14.6 Verificação de cessação de periculosidade 172

14.6.1 O que é periculosidade? 172

14.6.2 Em quem é realizado?..................................... 172

14.6.3 Como verificar a periculosidade?................... 173

Referências.. 175

1

O que é Medicina Legal e Perícia Médica?

A Medicina Legal pode ser entendida como a área de intersecção entre a Medicina e o Direito. Ao longo dos anos, foram propostas várias definições para essa área da Medicina. Ambroise Paré, em 1575, considerava-a "a arte de fazer relatórios em justiça". No entanto, com o tempo, sua área de atuação tornou-se mais ampla, e ela passou a ter ação social, não agindo somente no esclarecimento de questões em processos cíveis e criminais, nem somente em aplicações forenses. Dessa forma, Flamínio Fávero (1991) caracteriza a Medicina Legal como a "aplicação de conhecimentos médico-biológicos na elaboração e execução das leis que deles carecem". No Brasil, desde o Decreto nº 8.516, de 10 de setembro de 2015, da Presidência da República, a Medicina Legal e Perícia Médica é uma especialidade médica independente, tal como Ginecologia e Obstetrícia, Cirurgia Geral, entre outras.

Segundo Gisberg Calabuig (2018), a Medicina Legal se insere nas disciplinas médico-sociais e surgiu da necessidade de intervenção dos médicos, como peritos, por órgãos de administração da Justiça, sendo, portanto, uma ciência auxiliar do Direito. Dessa forma, a Medicina Legal utiliza técnicas e métodos que incorporou de campos afins ou que desenvolveu por si mesma para os casos que requerem procedimentos especiais que não são necessários em outros ramos da Medicina. Seus métodos de estudo extrapolam o campo da Medicina, abrangendo o das ciências biológicas em geral e também o das ciências sociais.

Para Camille Leopold Simonin (1962), a Medicina Legal é uma ciência com tripla complexidade por sua natureza médica, seu caráter social e seu espírito jurídico. Para o perito atingir suas metas, não basta a ciência médica, ele deve conhecer as normas a que está adstrita a perícia, que entenda a língua do Direito, compreenda seus objetivos e esteja ciente da jurisprudência.

O médico especialista em Medicina Legal e Perícia Médica é o médico perito, que atua pela realização da perícia médica. Esta é definida por Souza Lima (1933) como a "sindicância promovida por uma autoridade policial ou judiciária para esclarecer fatos que interessam num processo". Tem como objetivo o esclarecimento aos operadores do Direito, direta ou indiretamente, acerca do conhecimento técnico da Medicina.

1.1 Histórico

Tanto a Medicina quanto o Direito têm sua origem no surgimento das primeiras sociedades. Exemplos da relação íntima entre essas áreas estão presentes em registros da Antiguidade, como é o caso do Código de Hamurábi, do século XVIII a.C. Nele, um dos artigos estabelecia: "Se um médico tratou o escravo de um plebeu com faca de metal de um grave ferimento e lhe causou a morte, ele dará escravo por escravo".

Por vários séculos, os médicos foram chamados como testemunhas especiais em diversos locais do mundo para casos de lesão corporal, suicídio, estupro, anulação de casamento, entre outros. Porém, somente em 1507, na atual Alemanha, o Código de Bamberg estabeleceu a obrigatoriedade da atuação de médicos em processos judiciais, como mortes violentas. Ainda não era permitida a realização da necropsia, e os corpos somente eram inspecionados externamente.

O grande marco da Medicina Legal foi a permissão da necropsia forense em 1532, pela *Constitutio Criminalis Carolina*, promulgada por Carlos V, e que ainda abordava outras áreas da Medicina Legal, como traumatologia, sexologia e psiquiatria forense. A partir de então, a instituição da atuação do médico em processos jurídicos foi seguida por outros países.

Esse marco também possibilitou o desenvolvimento da literatura médico-legal, o que culminaria na criação do corpo de doutrina da Medicina Legal. Em 1575, surge o *Traité des Relatoires*, considerado o primeiro livro ocidental de Medicina Legal, escrito por Ambroise Paré, um cirurgião do exército francês considerado o pai da Medicina Legal. Já na Itália, em 1602, Fortunato Fedele escreve o *De Relationibus Medicorum*, primeiro grande tratado de Medicina Legal. Pouco depois, entre 1621-1651, Paolo Zacchia publica o *Questiones Medico-Legales*, conjunto de dez livros, que abrange questões médico-legais de obstetrícia, sexologia, psiquiatria, toxicologia, traumatologia e saúde pública, sendo considerado referência até o início do século XIX.

A partir do estabelecimento da Medicina Legal como área de conhecimento dentro da Medicina, as primeiras a incorporarem o ensino da Medicina Legal foram as universidades alemãs, no século XVIII, ainda como parte de outras matérias, como a Saúde Pública. Em 1789, em Nápoles, foi criada a primeira cátedra oficial de Medicina Legal. Em 1794, em Paris, foi criado o primeiro curso de Medicina Legal na França. A primeira cátedra independente de Medicina Legal surgiu na Universidade de Viena, em 1804. Seguiram-se: Edimburgo, na Escócia, em 1807, a Universidade de Columbia (EUA), em 1813, e a Universidade de Harvard (EUA), em 1815.

No Brasil, a primeira cátedra de Medicina Legal foi inaugurada em 1832 no Rio de Janeiro, na atual UFRJ, com a intenção de uniformizar a prática dos exames médico-legais. Em 1891, já na República, as disciplinas de Medicina Legal e Higiene passaram a ser obrigatórias nas faculdades de Direito. Em 1895, Raimundo Nina Rodrigues toma posse como catedrático de Medicina Legal da Faculdade de Medicina da Bahia. Ele é considerado o maior professor de Medicina Legal brasileiro do século XIX e atuava principalmente na Psiquiatria Forense e Antropologia Criminal, sendo chamado por Lombroso, famoso criminologista italiano, de "apóstolo da Antropologia Criminal no Novo Mundo". Deixou como discípulos Oscar Freire e Afrânio Peixoto. Este lutou pelo estabelecimento de protocolos na realização de autópsias no Rio de Janeiro, enquanto Oscar Freire agiu pela transformação da estrutura médico-legal na Bahia e depois foi a São Paulo criar o Departamento de Medicina Legal da Faculdade de Medicina da Universidade de São Paulo, que hoje tem seu nome e abriga o único curso de Residência Médica na área de Medicina Legal e Perícia Médica do país.

1.2 Quais as áreas de atuação?

A Medicina Legal e Perícia Médica atua no Direito Civil, Criminal e Administrativo ou onde houver a necessidade de esclarecimentos do conhecimento médico aos operadores do Direito.

Cada área do conhecimento do Direito é também área de atuação na Medicina Legal e Perícias Médicas, pelas suas particularidades de conhecimento técnico, jurídico e, portanto, na sua forma de análise.

As perícias médicas podem ser judiciais ou extrajudiciais (administrativas), nas áreas: cível, criminal, trabalhista, previdenciária, securitária, administrativa estadual, administrativa municipal, perícias militares, entre outras.

O médico perito (sendo este o termo consagrado para o especialista em Medicina Legal e Perícias Médicas) tem como objetivo o estabelecimento da justiça social, e devemos observar tal perspectiva de forma ampla. Os conhecimentos inerentes dessa especialidade são mais úteis do que apenas o ato pericial em si, seja como perito de confiança do juízo, seja como perito de confiança das partes (assistentes técnicos). O médico perito pode auxiliar departamentos jurídicos, escritórios de advocacia e empresas não somente quando o litígio já está acontecendo, mas antes – atuando dessa forma como Consultor Médico-Legal (ou Consultor Médico-Jurídico, como postula o estimado Dr. Elcio Rodrigues da Silva).

Nossa interdisciplinaridade torna muito mais fácil o trabalho de advogados e operadores do Direito de forma geral, inclusive avaliando a viabilidade processual. Isso é possível sendo isento e imparcial, como é mandatório em nossa especialidade.

1.3 Como é a formação em Medicina Legal e Perícias Médicas?

O padrão-ouro de formação em especialidades médicas é a residência médica, e no Brasil esta se dá no período de três anos. Até o presente momento, temos apenas o programa do Hospital das Clínicas da Faculdade de Medicina da

Universidade de São Paulo (HCFMUSP), o que torna evidente a urgente necessidade de novos programas para formação desses especialistas país afora.

A residência médica é o ideal, pois trata-se de treinamento intensivo teórico e prático na especialidade, tornando possível que o especialista tenha a competência técnica de avaliação pericial de qualquer área do conhecimento médico e do Direito. Isso se deve por meio do cronograma de formação, que consiste em um ano e meio de estágios em outras especialidades médicas, como:

- Anestesiologia
- Cardiologia
- Cirurgia Plástica
- Cirurgia Vascular
- Clínica Médica
- Ginecologia e Obstetrícia
- Medicina Física e Reabilitação
- Neurocirurgia
- Neurologia
- Oftalmologia
- Ortopedia e Traumatologia
- Otorrinolaringologia
- Patologia
- Pronto-socorros: Pediatria, Cirurgia, Clínica Médica
- Psiquiatria
- Reumatologia
- Urologia

Concomitantemente, há treinamento intensivo na área pericial abrangendo todas as áreas do Direito, em estágios em Instituto Médico-Legal, perícias cíveis, Juizados Especiais Federais, Varas de Acidentes de Trabalho, além de auditorias, Medicina do Trabalho, Toxicologia, Genética, Psiquiatria Forense, Instituto de Criminalística, entre outros.

Vemos, portanto, que a Medicina Legal e Perícias Médicas é uma especialidade generalista de conhecimentos médicos, mas extremamente específica em sua atuação, indo ao encontro da doutrina de Duarte Nuno Vieira (OLIVEIRA,

VIEIRA, CORTE-REAL, 2017), que pontua como aptidões necessárias desse médico o conhecimento da medicina propriamente dita, além de método pericial, filosofia pericial, noções de Direito, narrativa e escrita seguindo a lógica pericial e conclusão concisa a partir do raciocínio desenvolvido no trabalho pericial como um todo.

Isso só é possível por meio de formação adequada, e é de suma importância para os operadores do Direito – para quem dedicamos nosso trabalho e formação – a exigência da devida qualificação nos trabalhos periciais, e não somente que seja "especialista na área de conhecimento médico" em questão, pois é evidente sua insuficiência para que se atenda às necessidades das demandas periciais.

Temos também como forma de qualificação na especialidade os cursos de especialização Brasil afora, que, pela complexidade do conhecimento, devem, no mínimo, atender a uma carga horária de um ano, fornecendo, portanto, minimamente conhecimento teórico, sendo uma alternativa aos médicos já formados previamente em outras especialidades e que desejam atuar em Medicina Legal e Perícias Médicas.

1.4 Perícia médica: o que fazemos e como fazemos?

De forma resumida, o processo tem três fases: a abertura do processo; a instrução, na qual há a coleta de provas; e o julgamento. As provas podem ser: testemunhal, circunstancial, técnica etc. A perícia médica, portanto, é uma prova técnica, ou seja, com base científica, e se insere na fase de instrução.

Sendo uma prova com base científica, a perícia médica deve seguir o método científico. O método seguido pelo perito médico deve estar explícito em seu laudo pericial, conforme o art. 473 do Código de Processo Civil:

> Art. 473. O laudo pericial deverá conter:
>
> [...] III – a indicação do método utilizado, esclarecendo-o e demonstrando ser predominantemente aceito pelos especialistas da área do conhecimento da qual se originou;

Portanto, é imprescindível e básico que o perito exponha qual o método utilizado no seu trabalho pericial – seja ele perito judicial ou assistente técnico. Isso implica também a base da Medicina Legal e Perícia Médica: reprodutibilidade.

Nosso trabalho não se baseia em satisfação pessoal ou "achismos", e sim em esclarecimento e resposta a questionamentos – e aqui não nos referimos apenas aos quesitos, mas à forma integral. Portanto, é preciso que os operadores do Direito se atentem para que o trabalho pericial seja de qualidade, e a utilização de método faz parte disso. A Medicina Legal e Perícia Médica, como qualquer outra especialidade médica, é científica, e ciência é método propriamente dito, se lembrarmos de Descartes. Somente assim teremos resultados reprodutíveis.

O método utilizado pelo perito médico é baseado em partes no utilizado durante uma consulta médica assistencial: parte dos fatos para chegar a uma conclusão. Durante uma consulta médica, em geral, realiza-se primeiramente a coleta dos fatos, por meio de anamnese e exame físico geral e direcionado para as queixas. Além disso, analisam-se os exames complementares e as características epidemiológicas e ambientais. Parte-se para a formulação de hipóteses diagnósticas e, posteriormente, estudo do prognóstico e decisões terapêuticas.

A análise pericial difere da análise médica assistencial em diversos aspectos. Conceitualmente, a Medicina Legal e Perícia

Médica faz parte da medicina normativa, ou seja, não realiza diagnósticos ou tratamentos, mas aplica os conhecimentos técnicos da ciência médica para as normas. Portanto, é essencial a isenção e imparcialidade do ato pericial, justificando o "impedimento" quando se propõe a realização de perícia em pacientes do *expert* ou mesmo de conhecidos. O mesmo raciocínio se aplica ao consultor médico-legal ou assistente técnico, mas, nesse caso, não há impedimento, e sim "suspeição" em termos práticos – o que não impede o trabalho pericial nessa forma de atuação.

Isso posto, o médico perito realiza "entrevista" ou "relato" do periciado, e não a anamnese clássica, uma vez que, por si só, as informações prestadas pelo examinado têm vieses envolvendo o litígio. Essa subjetividade do relato do periciado deve ser levada em conta na análise pericial, que deve ser pautada em elementos objetivos, tais como o exame clínico e os documentos de interesse médico-legal disponíveis associado à literatura médica de interesse ao caso. Portanto, a associação do método científico na medicina assistencial e pericial permite que o *expert* tenha a competência técnica para atender às necessidades da autoridade requisitante da perícia.

De forma prática, o fornecimento da prova pericial médica inicia a partir da nomeação do médico perito pela autoridade requisitante. A partir de então, o perito marca a data e o local e realiza o exame pericial. Após o exame, é elaborado o laudo médico-legal, que deve seguir alguns preceitos:

a) adequação e utilização dos conceitos médico-legais de acordo com a demanda em questão;

b) utilização de literatura médica adequada, ou seja, de acordo com a matéria médica em questão cronológica e cientificamente;

c) objetividade, clareza e coerência na redação do documento;

d) resposta adequada e precisa frente aos questionamentos da demanda jurídica, ainda que não tenham sido feitos de forma objetiva pelos operadores do Direito por meio de quesitos. Dessa forma, faz-se necessário o devido conhecimento da área jurídica em que se está atuando.

1.5 Normas para a perícia médica

O ato pericial deve seguir algumas normas, incluindo as que se aplicam a todos os profissionais médicos e outras específicas para a especialidade.

1.5.1 Responsabilidade civil e criminal do perito

O Código de Processo Civil determina quem pode atuar como perito do juízo e fixa sanção, caso preste informações inverídicas:

> Art. 156. O juiz será assistido por perito quando a prova do fato depender de conhecimento técnico ou científico.
>
> § 1º Os peritos serão nomeados entre os profissionais legalmente habilitados e os órgãos técnicos ou científicos devidamente inscritos em cadastro mantido pelo tribunal ao qual o juiz está vinculado.
>
> § 2º Para formação do cadastro, os tribunais devem realizar consulta pública, por meio de divulgação na rede mundial de computadores ou em jornais de grande circulação, além de consulta direta a universidades, a conselhos de classe, ao Ministério Público, à Defensoria Pública e à Ordem dos Advogados do Brasil, para a indicação de profissionais ou de órgãos técnicos interessados.

§ 3º Os tribunais realizarão avaliações e reavaliações periódicas para manutenção do cadastro, considerando a formação profissional, a atualização do conhecimento e a experiência dos peritos interessados.

§ 4º Para verificação de eventual impedimento ou motivo de suspeição, nos termos dos arts. 148 e 467, o órgão técnico ou científico nomeado para realização da perícia informará ao juiz os nomes e os dados de qualificação dos profissionais que participarão da atividade.

§ 5º Na localidade onde não houver inscrito no cadastro disponibilizado pelo tribunal, a nomeação do perito é de livre escolha pelo juiz e deverá recair sobre profissional ou órgão técnico ou científico comprovadamente detentor do conhecimento necessário à realização da perícia.

Art. 157. O perito tem o dever de cumprir o ofício no prazo que lhe designar o juiz, empregando toda sua diligência, podendo escusar-se do encargo alegando motivo legítimo.

§ 1º A escusa será apresentada no prazo de 15 (quinze) dias, contado da intimação, da suspeição ou do impedimento supervenientes, sob pena de renúncia ao direito a alegá-la.

§ 2º Será organizada lista de peritos na vara ou na secretaria, com disponibilização dos documentos exigidos para habilitação à consulta de interessados, para que a nomeação seja distribuída de modo equitativo, observadas a capacidade técnica e a área de conhecimento.

Art. 158. O perito que, por dolo ou culpa, prestar informações inverídicas responderá pelos prejuízos que causar à parte e ficará inabilitado para atuar em outras perícias no prazo de 2 (dois) a 5 (cinco) anos, independentemente das demais sanções previstas em lei, devendo o juiz comunicar o fato ao respectivo órgão de classe para adoção das medidas que entender cabíveis.

Ainda segundo o Código de Processo Civil, o perito pode se escusar, por impedimento ou suspeição, e pode ser substituído:

Art. 466. O perito cumprirá escrupulosamente o encargo que lhe foi cometido, independentemente de termo de compromisso.

§ 1º Os assistentes técnicos são de confiança da parte e não estão sujeitos a impedimento ou suspeição.

§ 2º O perito deve assegurar aos assistentes das partes o acesso e o acompanhamento das diligências e dos exames que realizar, com prévia comunicação, comprovada nos autos, com antecedência mínima de 5 (cinco) dias.

Art. 467. O perito pode escusar-se ou ser recusado por impedimento ou suspeição.

Parágrafo único. O juiz, ao aceitar a escusa ou ao julgar procedente a impugnação, nomeará novo perito.

Art. 468. O perito pode ser substituído quando:

I – faltar-lhe conhecimento técnico ou científico;

II – sem motivo legítimo, deixar de cumprir o encargo no prazo que lhe foi assinado.

§ 1º No caso previsto no inciso II, o juiz comunicará a ocorrência à corporação profissional respectiva, podendo, ainda, impor multa ao perito, fixada tendo em vista o valor da causa e o possível prejuízo decorrente do atraso no processo.

§ 2º O perito substituído restituirá, no prazo de 15 (quinze) dias, os valores recebidos pelo trabalho não realizado, sob pena de ficar impedido de atuar como perito judicial pelo prazo de 5 (cinco) anos.

§ 3º Não ocorrendo a restituição voluntária de que trata o § 2º, a parte que tiver realizado o adiantamento dos honorários poderá promover execução contra o perito, na forma dos arts. 513 e seguintes deste Código, com fundamento na decisão que determinar a devolução do numerário.

O perito também está sujeito a pena prevista no Código Penal Brasileiro, caso realize falsa perícia:

Falso testemunho ou falsa perícia

Art. 342. Fazer afirmação falsa, ou negar ou calar a verdade como testemunha, perito, contador, tradutor ou intérprete em processo judicial, ou administrativo, inquérito policial, ou em juízo arbitral: (Redação dada pela Lei nº 10.268, de 28.08.2001)

Pena – reclusão, de 2 (dois) a 4 (quatro) anos, e multa. (Redação dada pela Lei nº 12.850, de 2013)

§ 1º As penas aumentam-se de um sexto a um terço, se o crime é praticado mediante suborno ou se cometido com o fim de obter prova destinada a produzir efeito em processo penal, ou em processo civil em que for parte entidade da administração pública direta ou indireta. (Redação dada pela Lei nº 10.268, de 28.08.2001)

§ 2º O fato deixa de ser punível se, antes da sentença no processo em que ocorreu o ilícito, o agente se retrata ou declara a verdade. (Redação dada pela Lei nº 10.268, de 28.08.2001)

1.5.2 Responsabilidade ética do médico perito

Os órgãos médicos também normatizam a atuação do médico perito. A primeira resolução a ser mencionada é a

Resolução do Conselho Federal de Medicina (CFM) n° 1.973, de 14 de julho de 2011, que reconhece a Medicina Legal e Perícia Médica como especialidade médica autônoma. A resolução também estabelece os critérios para obtenção de título de especialista em Medicina Legal e Perícia Médica: formação de três anos em Programa de Residência Médica ou concurso da Associação Brasileira de Medicina Legal e Perícia Médica.

Cabe, a seguir, analisar alguns itens do Código de Ética Médica que estabelece as normas a serem seguidas por todos os profissionais médicos, com alguns pontos específicos aos que exercem a função de perito.

O Capítulo I do Código de Ética Médica apresenta os Princípios Fundamentais para o exercício da Medicina, alguns dos quais são apresentados a seguir:

> VII – O médico exercerá sua profissão com autonomia, não sendo obrigado a prestar serviços que contrariem os ditames de sua consciência ou a quem não deseje, excetuadas as situações de ausência de outro médico, em caso de urgência ou emergência, ou quando sua recusa possa trazer danos à saúde do paciente.
>
> XVIII – O médico terá, para com os colegas, respeito, consideração e solidariedade, sem se eximir de denunciar atos que contrariem os postulados éticos.
>
> XIX – O médico se responsabilizará, em caráter pessoal e nunca presumido, pelos seus atos profissionais, resultantes de relação particular de confiança e executados com diligência, competência e prudência.

O Código de Ética Médica também possui um capítulo específico para auditoria e perícia médica (Capítulo XI):

É vedado ao médico:

Art. 92. Assinar laudos periciais, auditoriais ou de verificação médico-legal caso não tenha realizado pessoalmente o exame.

Art. 93. Ser perito ou auditor do próprio paciente, de pessoa de sua família ou de qualquer outra com a qual tenha relações capazes de influir em seu trabalho ou de empresa em que atue ou tenha atuado.

Art. 94. Intervir, quando em função de auditor, assistente técnico ou perito, nos atos profissionais de outro médico, ou fazer qualquer apreciação em presença do examinado, reservando suas observações para o relatório.

Art. 95. Realizar exames médico-periciais de corpo de delito em seres humanos no interior de prédios ou de dependências de delegacias de polícia, unidades militares, casas de detenção e presídios.

Art. 96. Receber remuneração ou gratificação por valores vinculados à glosa ou ao sucesso da causa, quando na função de perito ou de auditor.

Art. 97. Autorizar, vetar, bem como modificar, quando na função de auditor ou de perito, procedimentos propedêuticos ou terapêuticos instituídos, salvo, no último caso, em situações de urgência, emergência ou iminente perigo de morte do paciente, comunicando, por escrito, o fato ao médico assistente.

Art. 98. Deixar de atuar com absoluta isenção quando designado para servir como perito ou como auditor, bem como ultrapassar os limites de suas atribuições e de sua competência.

Parágrafo único. O médico tem direito a justa remuneração pela realização do exame pericial.

Vemos, portanto, que o médico perito, assim como qualquer outro profissional médico, terá plena autonomia no exercício de suas atividades e se responsabilizará por seus atos profissionais. Também não eximirá de denunciar atos antiéticos dos quais tiver conhecimento. Em relação especificamente à perícia médica, o perito não pode assinar laudos referentes a exames que não tenha realizado pessoalmente. A isenção do médico perito é essencial; por essa razão, não pode fazer a perícia de quem tenha sido seu paciente na função de médico assistente. Além disso, na função de médico perito, não pode atuar como assistente, interferindo na conduta de outros médicos ou na terapêutica instituída, salvo se representar situação de urgência ou emergência. Nesse caso, o médico cumprirá sua obrigação moral de atender à situação de risco de vida e posteriormente se declarará suspeito de atuar como perito de quem prestou assistência.

O Conselho Regional de Medicina de São Paulo também publicou uma resolução que dispõe sobre a realização de perícia médica (Resolução CREMESP nº 126, de 31 de outubro de 2005):

> O Conselho Regional de Medicina do Estado de São Paulo, no uso das atribuições conferidas pela Lei nº 3.268, de 30 de setembro de 1957, regulamentada pelo Decreto nº 44.045, de 19 de julho de 1958, e,
>
> [...]
>
> CONSIDERANDO que a perícia médica caracteriza-se como ato médico por exigir conhecimento técnico pleno e integrado da profissão; sendo atividade médica legal responsável pela produção da prova técnica em procedimentos administrativos e ou em processos judiciais e que deve ser realizada por médico regularmente habilitado;

[...]

RESOLVE:

Art. 1º Perito médico é a designação genérica de quem atua na área médica legal, realizando exame de natureza médica em procedimentos administrativos, e processos judiciais, securitários ou previdenciários; atribuindo-se esta designação ao médico investido por força de cargo/função pública, ou nomeação judicial ou administrativa, ou ainda por contratação como assistente técnico das partes.

Art. 2º As causas de impedimentos e suspeição aplicáveis aos auxiliares da Justiça se aplicam plenamente aos peritos médicos.

§ 1º É vedado ao médico do trabalho de empresa/instituição atuar como perito ou assistente técnico em processo judicial ou procedimento administrativo envolvendo empregado/funcionário ou ex-empregado/funcionário da mesma empresa.

§ 2º É vedado ao médico, qualquer que seja a especialidade, atuar como perito em face de servidores da mesma instituição e mesmo local de trabalho, exceto se compuser corpo de peritos exclusivos para esta função ou na função de assistente técnico.

§ 3º Constitui infração ética expressa no art. 120 do Código de Ética Médica, Resolução CFM nº 1.246/88, o médico ser perito ou assistente técnico em processo judicial ou procedimento administrativo, envolvendo seu paciente ou ex-paciente.

Art. 3º Na formação de sua opinião técnica, o médico investido na função de perito não fica restrito aos relatórios elaborados pelo médico assistente do periciando. Deverá, todavia, abster-se de emitir juízo de valor acerca de conduta médica do colega, incluindo diagnósticos e procedimentos terapêuticos realizados ou indicados, na presença do periciando, devendo registrá-la no laudo ou relatório.

Parágrafo único. O médico, na função de perito, deve respeitar a liberdade e independência de atuação dos profissionais de saúde sem, todavia, permitir a invasão de competência da sua atividade, não se obrigando a acatar sugestões ou recomendações sobre a matéria em discussão no processo judicial ou procedimento administrativo.

Art. 4º O exame médico pericial deve ser pautado pelos ditames éticos da profissão, levando-se em conta que a relação perito/periciando não se estabelece nos mesmos termos da relação médico/paciente.

§ 1º É vedado ao médico, na função de perito, divulgar suas observações, conclusões ou recomendações, fora do procedimento administrativo e processo judicial, devendo manter sigilo pericial, restringindo as suas observações e conclusões ao laudo pericial, exceto por solicitação da autoridade competente.

§ 2º É vedado ao médico, na função de perito, modificar procedimentos propedêuticos e/ou terapêuticos, salvo em situação de indiscutível perigo de vida ou perda de função fisiológica, devendo, neste caso, fundamentar e comunicar por escrito o fato ao médico assistente, devendo ainda declarar-se suspeito a partir deste momento.

Art. 5º O médico na função de perito não deve aceitar qualquer tipo de constrangimento, coação, pressão, imposição ou restrição que possam influir no desempenho de sua atividade, que deve ser realizada com absoluta isenção, imparcialidade e autonomia, podendo recusar-se a prosseguir no exame e fazendo constar no laudo o motivo de sua decisão.

Art. 6º O médico, na função de perito ou assistente técnico, tem o direito de examinar e copiar a documentação médica do periciando, necessária para o seu mister, obrigando-se a manter sigilo profissional absoluto com relação aos dados não relacionados com o objeto da perícia médico legal.

§ 1º Poderá o médico investido nestas funções solicitar ao médico assistente, as informações e os esclarecimentos necessários ao exercício de suas atividades.

§ 2º O diretor técnico ou diretor clínico e o médico responsável por Serviços de Saúde, públicos ou privados, devem garantir ao médico perito e ao assistente técnico todas as condições para o bom desempenho de suas atividades, bem como o acesso aos documentos que se fizerem necessários, inclusive deles obter cópias, desde que com a anuência do periciando ou seu representante legal.

Art. 7º O assistente técnico tem o direito de estar presente e participar de todos os atos periciais.

[...]

Art. 8º O atestado ou relatório médico solicitado ou autorizado pelo paciente ou representante legal, para fins de perícia médica, deverá conter informações sobre o diagnóstico, os exames complementares, a conduta terapêutica proposta e as consequências à saúde do paciente, podendo sugerir afastamento, readaptação ou aposentadoria, ponderando ao paciente, que a decisão caberá ao médico perito. (NOVA REDAÇÃO DADA PELA RESOLUÇÃO CREMESP Nº 167, DE 25.09.2007)

Art. 9º O médico, na função de perito nomeado ou de assistente técnico, faz jus aos honorários periciais, que não devem ser vinculados ao resultado do processo judicial, procedimento administrativo e/ou ao valor da causa.

Art. 10. Esta Resolução entrará em vigor na data de sua publicação, e revoga a Resolução CREMESP nº 122/2005.

Essa resolução enfatiza alguns itens já presentes no Código de Ética Médica, como a autonomia do médico e sua imparcialidade, também impedindo o médico de atuar como perito de pacientes ou ex-pacientes e de interferir na conduta terapêutica de colegas.

A resolução também esclarece que todas as causas de suspeição e impedimento aplicáveis aos auxiliares de justiça também se aplicam aos peritos médicos. Dessa forma, o perito está impedido de atuar em processo no qual tenha realizado laudo em outra instância; se for parte, ou se seu cônjuge ou companheiro, parente, consanguíneo ou afim até terceiro grau for parte; e demais razões que se aplicam aos demais auxiliares de justiça. O médico deverá se declarar suspeito se for amigo ou inimigo das partes, for credor ou devedor das partes, for interessado no julgamento do processo em favor de qualquer das partes.

Além disso, o CREMESP também ressalta que a perícia médica é um ato médico, devendo ser realizada somente por esse profissional. Também por ser um ato médico, o perito que realizará a perícia deve manter sigilo profissional, restringindo suas observações ao laudo pericial, embora a relação médico--paciente seja distinta da relação perito-periciando.

Em relação especificamente a médicos do trabalho e peritos trabalhistas e previdenciários, o Conselho Federal de Medicina publicou a Resolução nº 1.488/1998:

[...]

Art. 2º Para o estabelecimento do nexo causal entre os transtornos de saúde e as atividades do trabalhador, além do exame clínico (físico e mental) e os exames complementares, quando necessários, deve o médico considerar:

I – a história clínica e ocupacional, decisiva em qualquer diagnóstico e/ou investigação de nexo causal;

II – o estudo do local de trabalho;

III – o estudo da organização do trabalho;

IV – os dados epidemiológicos;

V – a literatura atualizada;

VI – a ocorrência de quadro clínico ou subclínico em trabalhador exposto a condições agressivas;

VII – a identificação de riscos físicos, químicos, biológicos, mecânicos, estressantes e outros;

VIII – o depoimento e a experiência dos trabalhadores;

IX – os conhecimentos e as práticas de outras disciplinas e de seus profissionais, sejam ou não da área da saúde.

[...]

Art. 6º São atribuições e deveres do perito-médico de instituições previdenciárias e seguradoras:

I – avaliar a capacidade de trabalho do segurado, através do exame clínico, analisando documentos, provas e laudos referentes ao caso;

II – subsidiar tecnicamente a decisão para a concessão de benefícios;

III – comunicar, por escrito, o resultado do exame médico-pericial ao municiando, com a devida identificação do perito-médico (CRM, nome e matrícula);

IV – orientar o municiando para tratamento quando eventualmente não o estiver fazendo e encaminhá-lo para reabilitação, quando necessária.

[...]

22 Medicina Legal e Perícias Médicas

Art. 10. São atribuições e deveres do perito-médico judicial e assistentes técnicos:

I – examinar clinicamente o trabalhador e solicitar os exames complementares necessários;

II – o perito-médico judicial e assistentes técnicos, ao vistoriarem o local de trabalho, devem fazer-se acompanhar, se possível, pelo próprio trabalhador que está sendo objeto da perícia, para melhor conhecimento do seu ambiente de trabalho e função;

III – estabelecer o nexo causal, CONSIDERANDO o exposto no artigo 2º e incisos. (redação aprovada dada pela Resolução CFM nº 1940/2010)

Art. 11. Deve o perito-médico judicial fornecer cópia de todos os documentos disponíveis para que os assistentes técnicos elaborem seus pareceres. Caso o perito-médico judicial necessite vistoriar aempresa (locais de trabalho e documentos sob sua guarda), ele deverá informar oficialmente o fato, com a devida antecedência, aos assistentes técnicos das partes (ano, mês, dia e hora da perícia).

Art. 12. O médico de empresa, o médico responsável por qualquer programa de controle de saúde ocupacional de empresa e o médico participante do serviço especializado em Segurança e Medicina do Trabalho não podem atuar como peritos judiciais, securitários ou previdenciários nos casos que envolvam a firma contratante e/ou seus assistidos (atuais ou passados); (redação aprovada pela Resolução CFM nº 2015/2013)

Dessa forma, o Conselho Federal de Medicina orienta os procedimentos a serem realizados por peritos médicos previdenciários e que atuam em causas trabalhistas, principalmente em relação à determinação da incapacidade para o trabalho e o estabelecimento do nexo causal da doença com o trabalho. Uma diferença em relação à perícia previdenciária é que o perito deve comunicar a decisão ao periciando no ato pericial, uma vez que, a depender da decisão, o periciando deve retornar ou não ao trabalho imediatamente.

O art. 12 também determina que o médico do trabalho da empresa não pode atuar como perito em casos que envolvam a empresa contratante. Esse artigo foi modificado em relação à redação de 2006, que também impedia o médico do trabalho de atuar como assistente técnico da empresa. A modificação ocorreu porque, segundo o art. 466 do Código de Processo Civil, os assistentes técnicos não estão sujeitos a impedimento ou suspeição. No entanto, vários profissionais médicos ainda entendem não ser adequado que o médico do trabalho da empresa, que presta assistência médica ao trabalhador e tem conhecimento de informações de saúde que o trabalhador forneceu sob sigilo médico, atue como assistente técnico pela empresa que figura como parte do processo.

2

Quais os principais documentos de interesse médico-legal?

Todos os documentos produzidos em ato médico são de interesse médico-legal; afinal, são elementos objetivos fundamentais na análise pericial, têm fé pública e podem ser utilizados em diversas situações, tanto em âmbito judicial ou extrajudicial. Cabe fazermos considerações acerca dos principais e fazermos diferenciações importantes entre eles que geram dúvidas e equívocos conceituais.

2.1 Atestado médico

Genival Veloso de França (2019) define como um **instrumento que tem a finalidade de firmar a veracidade de certo fato ou a existência de determinado estado, ocorrência ou obrigação.** Souza Lima, por sua vez, define como **declaração pura e simples, por escrito, de um fato médico e suas consequências.**

Ainda segundo França (2019), tem por finalidade a síntese de forma objetiva sobre um estado de saúde da pessoa em questão, seja de morbidade atual ou pregressa com finalidade expressa, seja para fins de licença, dispensa, justificativa em faltas de serviço, entre outras. O motivo do atestado deve ser sempre claro, com uma estrutura básica, podendo ser redigido em papel timbrado ou de receituário simples constituído de:

- cabeçalho com a qualificação do médico e do interessado (paciente);
- referência à solicitação do paciente;
- finalidade da solicitação;
- fato médico, quando solicitado pelo paciente ou seu responsável, ou por justa causa, ou por dever legal;
- local, data e assinatura com a devida identificação do médico frente ao Conselho Regional de Medicina e sede de atividade.

Vale ressaltar que o atestado é diferente da "declaração", já que esta consiste em apenas relato de testemunho, sendo útil para declarar comparecimentos de acompanhantes em consultas, por exemplo. O atestado tem fé pública e necessariamente precisa ser feito por médico no exercício de sua função e faz parte da consulta, não podendo o médico se recusar a fornecê-lo.

O atestado médico não é incontestável, e o médico perito não é obrigado a acatar ou aceitar todas as informações nele contidas, já que nesse documento as informações são sucintas e muitas vezes não apresentam informações relevantes para o caso em tela, como citaremos adiante.

Vale ressaltar também que o médico tem uma responsabilidade ética no fornecimento de atestados e pode estar sujeito a penalidades, conforme reza o Código de Ética Médica.

É vedado ao médico:

> Art. 80. Expedir documento médico sem ter praticado ato profissional que o justifique, que seja tendencioso ou que não corresponda à verdade.
>
> Art. 81. Atestar como forma de obter vantagem.

2.2 Atestado de óbito

Certos conceitos envolvendo tal documento geram dúvidas, mas mostraremos que o preenchimento do atestado de óbito não é difícil como aparenta. O termo **declaração** de óbito (D.O.) (Lei nº 11.976/2009) se refere ao conjunto dos itens que compõem este documento, sendo o **atestado médico de morte** um deles. O atestado certamente só pode ser preenchido **completamente** pelo médico, pois a constatação de morte e as causas de morte é ato médico *per se*.

O médico deve lembrar que não é permitido assinar esse documento em branco e se certificar que todos os campos foram devidamente preenchidos. Mortes violentas, independentemente do tempo de ocorrência, como longas internações em decorrência de acidente automobilístico, assim como partes de cadáveres e mortes suspeitas são competência de análise do médico legista nos Institutos Médico-Legais.

É preciso evitar as causas básicas genéricas, como "parada cardiorrespiratória", bem como diagnósticos clínicos, tais como "choque hemorrágico". Deve também se atentar para não usar abreviaturas e escrever de forma legível. No caso de morte natural sem assistência médica, onde houver Serviço de Verificação de Óbitos (SVO), pode ser atestado pelos médicos desse local; quando não houver, os médicos do serviço público mais próximo deverão atestar, ou, se não houver essa opção,

Medicina Legal e Perícias Médicas

qualquer médico da localidade. Quando a morte ocorre com assistência médica, a D.O. deve ser fornecida sempre que possível pelo médico que vinha prestando os cuidados daquele paciente. No caso de morte fetal, França (2019) esclarece que

> os médicos que prestaram assistência à mãe ficam obrigados a fornecer a Declaração de Óbito quando a gestação tiver duração igual ou superior a 20 semanas ou o feto tiver peso corporal igual ou superior a 500 (quinhentos) gramas e/ou estatura igual ou superior a 25 cm.

Segundo o Código de Ética Médica, o médico não deve atestar o óbito de paciente que não tenha prestado assistência, salvo exceções, e não deve se negar a atestar o óbito de seus pacientes, exceto se houver suspeita de morte violenta, caso no qual a responsabilidade será do médico legista do IML.

É vedado ao médico:

> Art. 83. Atestar óbito quando não o tenha verificado pessoalmente, ou quando não tenha prestado assistência ao paciente, salvo, no último caso, se o fizer como plantonista, médico substituto ou em caso de necropsia e verificação médico-legal.
>
> Art. 84. Deixar de atestar óbito de paciente ao qual vinha prestando assistência, exceto quando houver indícios de morte violenta.

2.3 Laudo médico-legal ("Relatório médico-legal")

Classicamente, essa é a estrutura básica de um laudo médico-legal, postulada por grandes mestres, tendo como princípio Oscar Freire e seu discípulo Flamínio Fávero. Condizente com o **método** pericial, apresenta estrutura semelhante a um artigo científico. Faremos, a seguir, considerações acerca de cada item desse documento.

1) Preâmbulo:
a) O perito deve esclarecer quem é a autoridade requisitante da perícia;
b) Qualificações profissionais do perito (pequeno currículo);
c) Esclarecimento de quem é o(a) periciado(a), com sua devida identificação e dados de interesse.

2) Quesitos:
a) Apresentação dos quesitos formulados até então e se houver.

3) Histórico:
a) Relato do periciado/entrevista do periciado/anamnese médico-legal;
b) Aqui o perito apresenta o relato do examinado, atentando-se para esclarecer que se trata de informações trazidas pelo indivíduo.

4) Método
a) Quando se trata de matéria envolvendo o Código de Processo Civil, é obrigatório que o médico perito esclareça o método utilizado no trabalho pericial. Tal boa prática, em termos técnicos, é desejável que seja utilizada em todas as áreas dessa especialidade, visando sempre à reprodutibilidade do trabalho.

5) Descrição
Visum et repertum (do latim, "ver e reportar"): lema doutrinário básico na prática pericial. Neste item do laudo, faz-se a transcrição propriamente dita do exame realizado, com maior

riqueza de detalhes possível, inclusive contendo, se necessário, exames complementares, bem como testes realizados no que tange a exame físico inclusive. "Só poderá servir bem à justiça o perito minucioso, completo, metódico, sem ideias ou hipóteses preconcebidas", como bem descrito por Flamínio Fávero (1991) em seu livro de doutrina.

a) Identificação: sexo, cor, raça, idade aparente, estatura, peso, compleição, marcas, cicatrizes, tatuagens, más-formações e atitudes que facilitem a identificação de quem se está periciando;

b) Exame físico geral e psíquico;

c) Exame propriamente dito, em se tratando de lesões, por exemplo, medidas, aspecto, profundidade, sinais associados etc.;

d) Exames complementares que se façam necessários. Vale ressaltar que a utilização de exames complementares em perícia médica são em situações extremamente particulares e não fazem parte da rotina de trabalho;

e) Documentação fotográfica ou cinemática, lembrando da possibilidade de uso de referência milimétrica.

Na descrição também cabe o detalhamento dos documentos de interesse médico-legal na avaliação do caso, sejam constantes nos autos e/ou trazidos pelo(a) periciando(a) no exame pericial.

6) Discussão

a) Neste item, o *expert* faz a junção dos elementos objetivos que dispõe com os conhecimentos da literatura médica pertinente e correlacionando com o caso em tela, por meio de linguagem clara e objetiva para o devido entendimento de quem não detém o conhecimento médico. Aqui o perito demonstra sua erudição ao mesmo tempo que se atém ao que é necessário a ser respondido pela demanda, não ultrapassando *os limites de sua designação*, como explícito no § 2º do art. 473 do Código de Processo Civil.

7) Conclusão

a) A conclusão deve sintetizar todos os achados previamente discutidos de forma objetiva.

8) Resposta aos quesitos

a) Devem ser feitas de forma clara e objetiva, reportando aos itens do laudo em que já foram explicadas, uma vez que o perito do juízo deve se atentar para que, de forma automática, sua discussão seja completa, de modo a abranger e dar embasamento para essas respostas;

b) Cabe considerações acerca da formulação de quesitos, uma vez que devem ser precisos e quando em excesso mais atrapalham que ajudam o trabalho pericial. Se for possível que os advogados tenham como auxiliares consultores médico-legais para a formulação precisa destes, isso sem dúvida auxiliará o trabalho do perito do juízo.

2.4 Parecer médico-legal

Em termos práticos, este documento tem estrutura extremamente semelhante ao laudo, com a diferença de ser requisitado com caráter consultivo e de forma particular, portanto feito por consultor médico-legal. Fávero (1991) também discute em seu livro de doutrina que pode ser elaborado por meio de comissões/sociedades médicas **sobre fatos referentes à questão a ser esclarecida**. Apresenta como estrutura também: preâmbulo; exposição (item para transcrição de quesitos e o objeto da consulta); discussão e conclusão.

3

Lesão corporal

A lesão corporal é qualquer dano ou prejuízo à integridade corporal ou à saúde, física ou mental, de alguém causada por outrem, por ação violenta, de maneira proposital ou não, direta ou indiretamente. Está prevista no Código Penal:

> **Lesão corporal**
>
> Art. 129. Ofender a integridade corporal ou a saúde de outrem:
>
> Pena – detenção, de três meses a um ano.

A lesão corporal deve ser uma alteração objetiva e mensurável, podendo ser culposa ou dolosa. A presença de dor isoladamente não constitui crime de lesão corporal, mas contravenção de vias de fato.

Na avaliação do crime de lesão corporal, é essencial a realização do exame de corpo de delito por médico legista, que fará a classificação da gravidade da lesão, conforme os parágrafos do art. 129 do Código Penal.

34 Medicina Legal e Perícias Médicas

3.1 Classificação quanto à gravidade

1) Lesão corporal grave

> Art. 129 Lesão corporal de natureza grave
>
> § 1º Se resulta:
>
> **I – Incapacidade para as ocupações habituais, por mais de trinta dias;**

- considera-se incapacidade de execução da atividade, mesmo que parcial;
- ocupações habituais: toda atividade da vida do indivíduo, incluindo lazer, atividades domésticas e laborativas;
- o prazo de 30 dias é contínuo a contar da data do fato.

> **II – perigo de vida;**

- perigo efetivo e concreto, do qual resultaria morte, caso não houvesse intervenção;
- deve ser diagnóstico, e não prognóstico;
- "situação atual, real, tecnicamente comprovada, consequente à lesão sofrida, que levará com grande probabilidade à morte a vítima, se não socorrida em tempo hábil" (GOMES, 1997, p. 462);
- é diferente de risco de vida, que configura situação hipotética (ex.: pessoa que foi empurrada para a rua e *poderia* ter sido atropelada, mas não foi – nesse caso, não houve perigo de vida, a situação foi hipotética, e não concreta).

> **III – debilidade permanente de membro, sentido ou função;**

- debilidade: redução parcial da capacidade funcional;
- membro ou sentido menos funcional em decorrência da lesão:
  - membros: apêndices do corpo;

- ☐ sentido: visão, audição, olfato, paladar e tato;
- ☐ função: atividade de um órgão ou aparelho (ex.: perda de um órgão duplo com outro em bom funcionamento, como o rim, é considerada debilidade de função, pois, mesmo que exames ainda estejam dentro da normalidade, houve diminuição da função anterior);
- ◼ a redução deve acarretar prejuízo efetivo à vítima e deve ser de longa duração (considera-se permanente se durar mais de um ano).

IV – aceleração de parto:

- ◼ deve-se entender como antecipação do parto;
- ◼ é aquele trabalho de parto que se iniciou antes da data esperada devido ao fato;
- ◼ o feto deve nascer vivo.

Pena – reclusão, de um a cinco anos.

2) Lesão corporal gravíssima

§ 2º Se resulta:

I – Incapacidade permanente para o trabalho;

- ◼ perda da possibilidade de execução de uma tarefa por tempo indeterminado, mesmo que não perpétuo;
- ◼ trabalho: qualquer atividade que garanta subsistência;
- ◼ nesse caso, a vítima deve estar incapaz para qualquer tipo de trabalho, e não só o habitualmente exercido.

II – enfermidade incurável;

- ◼ enfermidade: forma de alteração de função orgânica ou psíquica, que reduz o potencial do indivíduo;
- ◼ pressupõe desvio definitivo da normalidade;
- ◼ periciando não é obrigado a realizar tratamentos excepcionais para tentar curar a enfermidade;

36 Medicina Legal e Perícias Médicas

- incurabilidade: mais uma vez, não necessariamente perpétua, mas de difícil tratamento.

III – perda ou inutilização do membro, sentido ou função;

- perda: ausência anatômica;
- inutilização: presença anatômica, com ausência de capacidade funcional equivalente a amputação (ex.: perda completa da visão).

IV – deformidade permanente;

- deformidade: dano estético aparente, que gera repulsa em quem observa e em quem possui, causando vergonha;
- dano estético: prejuízo à beleza corporal;
- irreparável naturalmente, ou seja, sem intervenções cirúrgicas. Caso a vítima opte por realizar cirurgia plástica, a avaliação da deformidade deve levar em conta o estado anterior ao procedimento estético (caso a vítima opte por realizar cirurgia plástica, por exemplo, a avaliação deve levar em conta o estado anterior ao procedimento);
- é essencial a documentação da lesão por fotografias;
- devem ser avaliados aspectos objetivos da lesão: localização, extensão, aspecto, cor, relação e desvios da normalidade anatômica; e subjetivos: sexo, idade, cor da pele, atividade laborativa;
- aparência: a lesão deve ser visível;
- permanência: a lesão deve ter atingido sua evolução final no momento da avaliação.

V – aborto:

- interrupção da gravidez em qualquer período da gestação com a morte intrauterina do concepto, com ou sem expulsão do mesmo;
- nexo causal em relação à lesão corporal e o aborto;

- o causador sabe que a vítima está grávida;
- intenção não é provocar aborto, mas sim lesão na gestante.

Pena – reclusão, de dois a oito anos.

3) Lesão corporal leve

- é um diagnóstico por exclusão;
- caracterizada por dois elementos:
  - □ positivo: presença de lesão;
  - □ negativo: não apresenta características que enquadram a lesão em grave ou gravíssima.

3.2 Exame complementar

O médico legista pode solicitar um exame complementar, caso julgue que o primeiro foi insuficiente. Isso é realizado habitualmente para melhor caracterizar a gravidade da lesão, para averiguar o tempo de afastamento das atividades e para avaliar os danos permanentes após a realização do tratamento adequado e da consolidação da lesão.

3.3 Exame cautelar em detentos

Além dos exames em crimes de lesão corporal, os médicos legistas também realizam os exames de corpo de delito em detentos, chamados de exames cautelares, com a intenção de preservar a integridade física do preso, que é assegurada pela Convenção Americana sobre Direitos Humanos, pela Constituição Federal e pelo Código Penal.

Nesse exame, o médico legista deve verificar possíveis lesões corporais recentes e sinais de tortura, além de descrever outras alterações anteriores para possível comparação posterior.

3.4 Portaria nº 1 do IML/SP, de 12 de agosto de 2014

O Instituto Médico-Legal de São Paulo produziu portaria para recomendações referentes ao exame de corpo de delito, em especial em casos de maus-tratos e tortura, com base no Protocolo de Istambul (Manual para Investigação e Documentação Eficazes da Tortura e de outras Formas Cruéis, Desumanas ou Degradantes de Castigo ou Punição). Segundo essa portaria, recomenda-se que:

1. A avaliação pericial da suspeita de crime de tortura deve ser a mais objetiva, impessoal e imparcial possível.

2. Todos os periciandos com suspeita de tortura e maus--tratos, sejam apresentados por policiais, agentes de segurança pública, ou por procura espontânea, devem ser identificados por fotografia de face e coleta de impressão dactiloscópica de polegar direito.

3. O histórico do exame deve conter informações detalhadas do evento, incluindo informações de doenças e traumas anteriores à detenção ou aos maus-tratos.

4. A perícia médico-legal deverá ser realizada em ambiente tranquilo, privado, sem a presença de condutores, se possível, possibilitando que o periciando informe livremente sobre agressões sofridas e se apresente totalmente despido.

5. Descrever, detalhadamente, as localizações e as características de cada lesão, localizando-a precisamente na sua respectiva região anatômica e com documentação fotográfica, preferencialmente.

6. Trabalhar, sempre que possível, em equipe multidisciplinar.

7. Nos casos de perícias negativas (ausência de lesões), não se recomenda a documentação fotográfica de corpo inteiro nu, recomenda-se que a perícia seja acompanhada por

um segundo médico-legista, que deverá assinar conjuntamente o laudo ou ter consignado no laudo sua presença e identificação (por nome e RG ou CRM).

8. O médico-legista deverá realizar uma descrição do estado emocional que o periciando se apresenta, descrevendo sua postura com termos, tais como: tranquilo, agitado, deprimido, excitado, cooperativo, não cooperativo, possibilitando uma análise sucinta de sua condição emocional, consignando no laudo alterações que julgar pertinente.

4

Traumatologia forense

A traumatologia forense é o estudo dos traumatismos, ou seja, das lesões causadas por energia externa sobre o corpo da pessoa, com a finalidade de fornecer informações para o esclarecimento da justiça. Para tanto, as principais informações de interesse da justiça que o perito deve fornecer são: se há ou não lesão, qual o tipo de lesão, qual o agente ou o instrumento que a produziu, se há nexo de causalidade entre a lesão e o evento relatado, qual a gravidade da lesão e se foi produzida em vida ou *post mortem*.

A análise das características da lesão permite inferir qual o agente que a produziu, e dessa conclusão se tira as demais. Ressalta-se que a lesão é quem denomina o agente, e não o contrário. A lesão produzida por uma faca pode ser tanto incisa quanto perfuroincisa, por exemplo, e o agente "faca" pode agir tanto como um agente cortante quanto perfurocortante.

A classificação de energias vulnerantes exógenas apresentada a seguir é adaptada da adotada por Flamínio Fávero (classificação de Borri):

- energias de ordem física:
  - □ energias mecânicas;

42 Medicina Legal e Perícias Médicas

☐ energias não mecânicas (ex.: luz, radiação, temperatura, eletricidade, pressão);
■ energias de ordem química;
■ energias de ordem físico-químicas (asfixias);
■ energias de ordem biológica (bioquímicas e biodinâmicas).

Alguns autores não admitem as energias de ordem biológica dentro do estudo da traumatologia forense, uma vez que não se referem a traumatismos. Englobam as doenças em geral, estados de esgotamento do corpo por esforço exagerado ou distúrbios emocionais. Pelas mesmas razões, não abordaremos esse tema, mas os mencionamos para que o leitor entenda seu significado quando se depara com o termo em um laudo necroscópico, por exemplo.

4.1 Energias de ordem física mecânicas

São as energias que podem modificar o estado de repouso ou de movimento do corpo. As lesões produzidas por esses agentes podem ser punctórias, incisas, contusas e mistas entre estas.

Os principais elementos de uma lesão que permitem a distinção do agente que a produziu e que devem ser observados e descritos pelo médico perito são:

1. localização;
2. morfologia;
3. bordas;
4. extensão;
5. profundidade;
6. hemorragia;
7. outros elementos (como presença de corpos estranhos).

4.2 Lesão punctória

É a lesão causada por **agente perfurante**. Ocorre por transferência de energia cinética por meio de pressão que é exercida por uma ponta, afastando os elementos do tecido. Como o agente só afasta as fibras do tecido, o orifício da lesão é menor que o diâmetro do agente e gera pouco sangramento.

Conforme o diâmetro da haste, pode ser de pequeno, médio ou grande calibre. A profundidade da lesão pode ser maior que o comprimento do instrumento (lesão em acordeão).

A gravidade do ferimento depende da estrutura atingida e de possível infecção associada, como tétano.

Características das lesões punctórias:

- forma circular ou fusiforme (depende das linhas de tensão da pele);
- pequeno diâmetro;
- pouco sangramento externo;
- grande predomínio da profundidade sobre o diâmetro.

São exemplos de instrumentos perfurantes: agulhas, picador de gelo, prego, alfinete.

4.3 Lesão incisa

É a lesão causada por **agentes cortantes**. Ocorre pela transferência de energia cinética por deslizamento e pequena pressão por meio do gume.

Características das lesões incisas:

- solução de continuidade do tecido com borda lisa, regular e plana;

44 Medicina Legal e Perícias Médicas

- formato linear;
- nítido predomínio da extensão sobre a profundidade, sendo, em geral, superficiais;
- os ângulos da borda são agudos;
- em geral, produz hemorragia abundante;
- pode ser observado afastamento das bordas da ferida, a depender das linhas de tensão da pele, tomando formato fusiforme;
- para determinação do sentido da ferida:
  - ☐ a porção inicial da lesão é mais superficial que a medial;
  - ☐ a porção medial é a mais profunda;
  - ☐ a porção terminal é a mais superficial, podendo ser observada a cauda de escoriação onde ocorreu a saída do instrumento;
- quando praticada por médico em ato cirúrgico, alguns autores utilizam a denominação de ferida cirúrgica;
- difere da lesão incisa, pois inicia e termina na mesma profundidade.

Exemplo de instrumentos cortantes: navalha, cacos de vidro, cerol, folhas metálicas e bisturi.

Algumas lesões incisas ou perfuroincisas merecem atenção:

- esgorjamento: lesões profundas na região cervical anterior ou lateral;
- degola: semelhante ao esgorjamento, mas na região cervical posterior;
- decapitação: separação da cabeça do corpo (esgorjamento e degola podem não levar à decapitação se não ultrapassarem a coluna);
- lesões incisas localizadas nas mãos e nos antebraços também chamam a atenção por poderem caracterizar as chamadas lesões de defesa;

- espostejamento: cortar o corpo em quartos ou postas sem respeitar as articulações (geralmente para ocultação de cadáver);
- esquartejamento: semelhante ao espostejamento, mas os cortes respeitam as articulações;
- automutilações: geralmente nos membros, múltiplas;
- lesões suicidas: geralmente nos punhos e no pescoço, múltiplas (marcas de tentativas);
- *seppuku* (*harakiri*): lesão suicida no abdome;
- lesões no abdome podem levar à evisceração de órgãos internos.

4.4 Lesão perfuroincisa

É a lesão produzida por **agente perfurocortante**, com ponta e gume. Ocorre pela transferência da energia cinética por meio da pressão pela ponta do agente e deslizamento do gume, cortando o tecido. Possui características tanto das lesões incisas quanto das punctórias.

Características da lesão:

- solução de continuidade nos tecidos de forma navicular ou triangular, com bordas lisas e regulares;
- o número de caudas é variável:
  - □ na entrada do instrumento pela pele, produz tantas caudas quantos forem os gumes do agente;
  - □ na saída, se houver torção do instrumento, o agente pode produzir mais caudas;
- a profundidade da lesão é maior que sua extensão;
- produz hemorragia abundante, geralmente interna.

São exemplos de agentes perfurocortantes: punhal, espada, faca, canivete. São instrumentos que, a depender do

46 Medicina Legal e Perícias Médicas

modo como forem utilizados, produzem lesões incisas, agindo como agentes cortantes.

4.5 Lesões contusas

São lesões causadas por **agente contundente**. Ocorrem pela transferência de energia cinética por meio de superfície, que pode ocorrer por compressão, tração ou deslizamento sobre os tecidos.

As lesões por compressão ocorrem quando o agente incide diretamente sobre o corpo e comprime os tecidos, como ocorre em um soco ou uma pedrada. As lesões por tração ocorrem quando uma parte do corpo é presa e puxada, como é o caso do escalpelamento ou de torções articulares. As lesões por deslizamento ocorrem por atrito entre o instrumento e a pele. Na maioria das vezes, as lesões ocorrem por uma combinação desses três mecanismos.

São lesões contusas:

- rubefação: coloração avermelhada no local da lesão, que dura cerca de 10 minutos;
- tumefação: rubefação associado a edema (inchaço), que dura cerca de 2 a 4 horas;
- equimose: ocorre infiltração de sangue no tecido e sua cor depende da fase de degradação da hemoglobina:
  - □ a equimose é uma reação vital e, portanto, só ocorre em pessoas vivas;
  - □ a evolução cromática da equimose segue o espectro equimótico de Legrand du Saulle (apresentado no Quadro 4.4): vermelho/violácea > azulada > esverdeada > amarelada até desaparecer. A cronologia dessa evolução varia conforme local da lesão, tamanho e caracte-

rísticas individuais. Dessa forma, o **espectro de Legrand** pode ser utilizado como estimativa de quando a lesão ocorreu, mas não dá certeza dessa cronologia;

- hematoma: ocorre acúmulo de sangue, que não se infiltra nos tecidos como na equimose pela quantidade, e forma uma cavidade:
  - a evolução é semelhante à da equimose, mas o tempo é mais longo, pela maior quantidade de sangue;
  - pode comprimir estruturas vitais, como o cérebro, se ocorrer dentro do crânio, levando à morte;
- ferida contusa aberta: o instrumento age sobre anteparo ósseo, rompendo a pele:
  - as bordas são irregulares e anfractuosas;
  - pode haver traves de tecido conjuntivo ligando as bordas da lesão;
  - pode estar acompanhada de escoriação ("ralado");
- lesão lacerada:
  - agente contundente que age por tração da pele até o limite de sua elasticidade, rompendo-a;
  - as margens podem não ser escoriadas, estão descoladas do tecido subcutâneo e unidas por traves de tecido íntegro;
  - ex.: escalpelamento, desenluvamento;
- lesão abrasiva (escoriação):
  - produzida por agente contundente áspero por pressão e deslizamento (atrito), arrancando a epiderme;
  - os efeitos dependem da pressão exercida sobre a pele e do grau de aspereza do agente;
  - características da lesão:
    - solução de continuidade da pele;
    - erosão da epiderme com exposição da derme;
    - apresenta crosta hemática em lesões vitais;

- a cicatrização ocorre em uma a duas semanas e não deixa cicatrizes, exceto se houver infecção, visto que não há lesão da derme;
  - ☐ em lesão de arraste, observam-se todas as estrias da escoriação na mesma direção.

As contusões podem levar também a lesões internas:

- ■ fraturas ósseas:
  - ☐ diretas (no local de ação do agente contundente);
  - ☐ indiretas (a distância);
- ■ rotura de vísceras;
  - ☐ geralmente por traumas em região abdominal.

Algumas lesões contusas ou cortocontusas que merecem atenção:

- ■ castigos corporais: podem deixar marca do instrumento (ex.: cintos) e geralmente se apresentam com lesões em diferentes formas de evolução, por agressões em vários momentos;
- ■ precupitação ou defenestração (cair pela janela): fraturas múltiplas e roturas da parede abdominal e períneo;
- ■ síndrome de esmagamento (*crush injury*): esmagamento maciço da musculatura, levando à insuficiência renal;
- ■ lesão por desaceleração (síndrome do chicote): causada pela aceleração e pela desaceleração bruscas em acidentes automobilísticos, por exemplo, levando a lesões cervicais e cerebrais, pela colisão com o crânio;
- ■ lesões por meios de transporte:
  - ☐ rodoviários:
    - colisão: lesões em parte superior do corpo (cabeça, pescoço e membros superiores);
    - atropelamento: predominância de membros inferiores;
  - ☐ ferroviários:

- colisão: geralmente lacerações, pisoteamentos, esmagamento;
- atropelamento: geralmente esmagamento e retalhamento;
- vítima se apresenta suja de graxa, óleo e fuligem;
- ☐ aeroviários:
  - geralmente retalhamento e/ou carbonização;
  - em pequenas aeronaves, cadáver geralmente com lesões em cabeça, mas íntegra;
  - em grandes aeronaves, carbonização é mais comum.

4.6 Lesão cortocontusa

São as lesões causadas por **agente cortocontundente**. Ocorrem por transferência de energia por instrumento com grande massa e um gume menos afiado, que corta pela pressão exercida, e não por deslizamento da lâmina.

Características da lesão:

- solução de continuidade nos tecidos de grande extensão e profundidade;
- pode haver contusão e escoriação nas bordas;
- bordas lisas, regulares e afastadas (forma navicular ou fusiforme), com duas caudas;
- pode ser possível visualizar lacerações em planos musculares;
- nos ossos, podem produzir fraturas nas áreas de impacto ou a distância;
- na área de impacto direto, a fratura tem bordas regulares e pode apresentar resíduos metálicos ou sujidade do instrumento.

Exemplos de instrumentos cortocontundentes: machado, foice, facão.

4.7 Lesão perfurocontusa

É a lesão produzida por **agente perfurocontundente**, tipicamente projéteis de arma de fogo. São instrumentos que possuem ponta romba e grande força de impacto, agindo por pressão e formando lesão em formato de túnel.

Características da lesão:

- solução de continuidade nos tecidos;
- pequena na superfície;
- lesão complexa;
- constituída por: orifício de entrada, trajeto e orifício de saída.

Exemplos de instrumentos perfurocontundentes: ponta de guarda-chuva, picareta, vergalhões de construção civil, projéteis disparados por arma de fogo.

Distância do disparo:

- com o disparo, outras substâncias também saem com o projétil: fogo (tanto no trajeto do projétil como pela lateral), gás, fuligem (pólvora que entrou em combustão) e pólvora incombusta (fragmentos);
- se a arma estava encostada ao alvo, tudo que sai pelo cano entra no corpo;
- conforme aumenta a distância, menos componentes do disparo atingem o corpo, conforme Quadro 4.1.

Quadro 4.1 Classificação médico-legal das distâncias de disparo de arma de fogo (Muñoz & Almeida, 1996)

Modalidade de disparo	Distância	Característica
Tiro de contato	Zero	Projétil + gases + partículas + fuligem + chama
Queima-roupa	Até 10 cm	Projétil + partículas + fuligem + chama
Curta distância	10-50 cm	Projétil + partículas + fuligem
Média distância	50-70 cm	Projétil + partículas
Longa distância	Mais de 70 cm	Projétil

Orifício de entrada:

- forma circular ou ovular (varia de acordo com a direção do tiro – se o tiro for perpendicular, a forma é circular);
- diâmetro *geralmente* menor que o do projétil:
  - ☐ ocorre retração do orifício, em pessoas vivas;
  - ☐ para ocorrer a retração, a vítima deve sobreviver tempo suficiente para haver retração do orifício;
- bordas *geralmente* invertidas, lisas e regulares:
  - ☐ canos raiados fazem com que projétil saia girando em seu próprio eixo, de modo que, quando ele penetra na pele, leva as bordas para dentro.

Orlas e zonas de contorno:

- orla de contusão/aréola equimótica:
  - ☐ ocorre pela ação contusa do projétil, que deprime a pele, perfurando ao atingir o máximo da elasticidade do tecido e arrancamento da epiderme pelo movimento rotatório do projétil;
  - ☐ a aréola equimótica ocorre quando a vítima ainda está viva, pela ruptura de pequenos vasos ao redor do ferimento, levando à impregnação hemática na borda da lesão.

52 Medicina Legal e Perícias Médicas

- orla de enxugo:
  - ☐ resíduos existentes no cano da arma aderem-se ao projétil ao atravessar o cano (esses resíduos estão aderidos ao projétil; portanto, a ocorrência da orla não depende da distância do disparo);
  - ☐ entrando na pele, o projétil se "enxuga" destas impurezas (a orla não é para fora da lesão, mas para dentro);
  - ☐ é concêntrica nos tiros perpendiculares e ovalar nos tiros oblíquos;
  - ☐ áreas que tiveram maior contato com o projétil ficam com mais "sujeira";
  - ☐ tonalidade varia com as substâncias presentes no projétil;
- zona de tatuagem:
  - ☐ parte da pólvora incombusta sai pelo cano e se dispersa como um cone (não presente em disparos a longa distância);
  - ☐ grânulos se incrustam na pele (não saem com lavagem, estão abaixo da epiderme);
  - ☐ formam um círculo tanto maior e mais rarefeito quanto maior a distância;
  - ☐ disparo oblíquo tem zona de tatuagem elíptica com impregnação tanto maior quanto mais próxima da arma;
- zona de esfumaçamento:
  - ☐ deposição de fuligem na superfície cutânea (somente presente em disparos de curta distância);
  - ☐ cobre a zona de tatuagem, podendo ultrapassá-la;
  - ☐ é facilmente removível com lavagem (não penetra a epiderme);
- zona de chamuscamento:
  - ☐ causada pela chama do disparo (somente em tiros muito próximos, à "queima-roupa");
  - ☐ chamuscam os pelos e a pele (queimadura geralmente de 1º ou 2º grau) da região atingida;

- ☐ os pelos ficam crestados, entortilhados e quebradiços;
- ☐ a pele fica apergaminhada e vermelha-escura.

Características de disparos de contato:

- ■ todos os elementos do disparo penetram na pele;
- ■ os gases do disparo atingem a pele e se expandem dentro do subcutâneo;
- ■ em regiões com plano ósseo, o orifício é irregular e estrelado, com grande diâmetro (maior que o projétil):
  - ☐ o projétil bate no osso e volta com pressão, empurrando os tecidos moles para fora do orifício de entrada;
  - ☐ ocorre mais frequentemente nos tiros no crânio, mas também na tíbia, nas costelas e no esterno;
  - ☐ em disparos sobre superfície óssea, ocorre impregnação de partículas incombustas na tábua óssea externa (**sinal de Benassi**);
- ■ em regiões sem plano ósseo, o orifício é circular, podendo apresentar impressão cutânea da boca da arma (**sinal de Puppe-Werkgartner**):
  - ☐ o orifício de entrada não apresenta zona de fuligem e tatuagem porque todos os elementos do disparo entram pelo orifício;
  - ☐ formação de "pequenas cavidades" enegrecidas pela pólvora no tecido subcutâneo (**sinal da Câmara de Mina de Hoffmann**).

Orifício de saída:

- ■ forma irregular, estrelada ou em fenda;
- ■ diâmetro geralmente maior que o do orifício de entrada;
- ■ bordas evertidas;
- ■ apresentam maior sangramento;
- ■ pode haver fragmentos de tecidos exteriorizados pela lesão (projétil arrasta os tecidos pelo trajeto);
- ■ não apresenta zonas de contorno.

Trajeto:

- caminho percorrido pelo projétil no **interior do corpo**;
- na avaliação pericial é sempre retilíneo e único para cada projétil;
- pode ser um canal fechado ou um canal aberto, dependendo se transfixou ou não o corpo;
- projétil pode desviar ao transfixar um órgão móvel, como o coração, ou um osso;
- definição de trajeto em ossadas:
  - □ os ossos chatos (ex.: crânio) apresentam a lesão afunilada, de diâmetro menor no ponto de entrada e maior no ponto de saída (**sinal de Bonnet**);
  - □ a comparação desses diâmetros é realizada no mesmo orifício (diâmetro do orifício na tábua interna *vs.* diâmetro do orifício na tábua externa).

Lesões por projéteis múltiplos:

- são armas que utilizam cartuchos de projéteis múltiplos: armas de caça, espingardas;
- cada balim ou bago produz o próprio orifício de entrada e trajeto;
- a lesão característica nesses casos é rosa de tiros;
- as lesões são mais dispersas quanto mais longe for o disparo.

Lesões por projéteis de alta energia:

- envolvem velocidade de disparo maior ou igual a 600 m/s, como em fuzis;
- as lesões são irregulares, mesmo no orifício de entrada e especialmente quando o impacto ocorre sobre anteparos ósseos;
- duplo mecanismo de lesão: a lesão é perfurocontusa em si e a cavidade temporária é formada ao adentrar no corpo, devido à energia dispersada;
- os projéteis de alta energia são fabricados para transfixar o corpo, exceto se se fragmentarem por choque contra um osso;

- se os projéteis mantivessem sua estabilidade ao longo do trajeto, o orifício de saída seria menor que o de entrada, mas, como costumam sair de lado ou pela base, podem produzir orifícios de saída maiores.

4.8 Sintetizando o estudo sobre as lesões mecânicas

Quadro 4.2 Lesões mecânicas – lesões simples

Lesões simples			
Ferida	Modo de produção	Instrumento típico	Descrição
PUNCTÓRIA	Pressão em um ponto	Perfurante: agulha – estilete	orifício de entrada; trajeto; orifício de saída. Obs.: pequena superfície e grande profundidade.
INCISA	Deslizamento maior que a pressão	Cortante: navalha – bisturi	predominância do comprimento sobre a profundidade; bordos regulares, lisos, nítidos; de perfil, em corte perpendicular, se mostram com aspecto angular, de abertura externa; podem se revestir da forma de bisel, se o instrumento age obliquamente; extremidades da lesão se apresentam profundas: a da entrada, indicando o começo da lesão, mais curta e abrupta; a cauda de saída, denunciando o fim da lesão, mais alongada e superficial.

Medicina Legal e Perícias Médicas

			Lesões simples
CONTUSA	Choque (pode haver ou não deslizamento)	Bastão – pedra	ativa: instrumento é projetado contra a vítima; passiva: a vítima vai de encontro ao objeto (queda); a) escoriação: atrito do deslizamento lesa a superfície da pele. Ocorre a formação de crosta que pode ser serosa (predomínio de linfa) ou hemática (predomínio sanguíneo); b) equimose: rompimento de vasos profundos e derrame sanguíneo, infiltrando os tecidos. O tecido externo apresenta-se íntegro, com derrame sanguíneo interno e, a produção de mancha de variado tamanho. A reabsorção do material extravasado provoca uma variação cromática* ("espectro equimótico"); c) bossas e hematomas: quando o derrame sanguíneo não encontra condições de se difundir e formar coleções localizadas. As bossas podem ser sanguíneas quando o líquido, não podendo se espalhar, forma uma coleção (sobre o couro cabeludo, p. ex.), ou linfáticas, quando seu conteúdo for linfa. Os hematomas são coleções sanguíneas que afastam as malhas do tecido e formam cavidade para as abrigar, devendo-se ao rompimento de vasos.

Quadro 4.3 Lesões mecânicas – lesões mistas

Lesões mistas			
Lesão	**Atuação**	**Instrumento típico**	**Descrição**
PERFUROIN-CISA	Perfurante e cortante	Perfurocortante: punhal – canivete	Modo de ação: combinado: pressão e corte (afasta as fibras e as secciona).
CORTOCON-TUSA	Cortante e contundente	Cortocontundente: machado – foice	Aspecto da lesão variável, de acordo com o instrumento (afiado ou não) e com a intensidade da energia produtora. Observa-se a solução de continuidade dos tecidos com bordas irregulares e contundidas, com ou sem dilaceração dos tecidos.
PERFURO-CONTUSA	Perfurante e contundente	Perfurocontundente: projétil	orifício de entrada; orifício de saída (ou não); projéteis retidos.

Quadro 4.4 Espectro equimótico de Legrand

Cor	Evolução em dias
1. Vermelho-violáceo	1-2
2. Azulado	3-6
3. Esverdeado	7-12
4. Amarelado	12-20
5. Normal	Após 20

4.9 Energias de ordem física não mecânicas

São as energias de ordem física não mecânicas:

- térmica: decorrente de calor ou frio;

- elétrica: causada por eletricidade industrial (eletrocussão) ou natural (fulguração);
- barométrica: distúrbios causados por variações da pressão ambiente;
- radiante: é rara causadora de lesões, inclui as radiações ionizantes e solar.

4.10 Energia térmica

Tanto o excesso quanto a falta da energia térmica, percebidas pelo calor ou frio, podem gerar lesões ao organismo. No entanto, pelo clima do nosso país, as lesões pelo calor são muito mais frequentes.

O calor e o frio podem agir por meio de modificações no ambiente ou por ações locais, com queimaduras e congelamento. O organismo humano tem mecanismos capazes de controlar a temperatura corporal, mas, em extremos de temperatura, esses mecanismos não são suficientes para controlar a homeostase do organismo, levando a doenças e lesões.

As perdas de calor para o ambiente ocorrem por: irradiação (perda de calor pela pele, em locais com temperatura ambiente inferior à da pele), condução (perda de calor pelo contato direto com outros materiais), convecção (perda de calor para fluidos que se deslocam pela pele) e evaporação (pela pele e pelas vias respiratórias). Dessa forma, o organismo pode diminuir o aumento de temperatura corporal por meio de: vasodilatação (com passagem de mais sangue pela pele, aumenta-se a irradiação), sudorese (aumentando a evaporação) e inibição da produção de calor, por diminuição do metabolismo.

As formas de aumento da temperatura do corpo humano são: vasoconstrição (pelo efeito contrário da vasodilatação), ereção dos pelos (mantém camada de ar não renovado e aquecido em contato com a pele), tremores (aumento de produção de calor pelo corpo) e aumento de metabolismo.

4.10.1 Calor

4.10.1.1 Ações difusas do calor

As doenças relacionadas ao calor têm se tornado mais comuns pelo aumento da temperatura global. As pessoas mais vulneráveis são bebês, pela grande superfície corporal, e idosos, que perdem a capacidade de regulação da temperatura corporal. O efeito do calor é também mais intenso em pessoas não aclimatizadas, por exemplo, em turistas que visitam áreas mais quentes que em seu local de origem.

São as principais doenças relacionadas à ação do calor difuso:

- intermação ou exaustão térmica:
  - □ corresponde à fase inicial da descompensação dos ajustes termorreguladores do organismo, sendo a insolação a fase final;
  - □ ocorre por incapacidade do coração de manter o débito cardíaco necessário para conservar a pressão arterial, frente à intensa vasodilatação promovida pelos vasos periféricos em resposta ao calor intenso;
  - □ idosos são mais susceptíveis, em especial os com doenças cardíacas prévias;
  - □ sintomas: cansaço, sudorese intensa, fraqueza muscular, hipotensão arterial, hipertermia, mialgias e dores de cabeça, diminuição do débito urinário;
- insolação:
  - □ forma mais grave das síndromes causadas pelo calor ambiental;

60 Medicina Legal e Perícias Médicas

☐ alguns autores, como Water (2001), distinguem a insolação e a intermação pela presença de sintomas neurológicos;

☐ os sintomas correspondem ao agravamento da intermação:

☐ comprometimento mental e neurológico progressivo, com irritabilidade, incoordenação, delírios e alucinações, convulsões e coma;

☐ na forma clássica, a sudorese cessa, e a pessoa apresenta pele quente, seca e avermelhada.

4.10.1.2 Ações locais do calor

As ações locais do calor resumem-se às queimaduras, que podem ser causadas por ação de chamas, jatos de vapor, derramamento de líquidos quentes (escaldadura), sólidos aquecidos ou explosões.

Classificação das queimaduras pela gravidade:

■ queimaduras superficiais (1° grau):
   ☐ ocorre lesão somente das camadas mais externas da pele (epiderme), com vermelhidão no local e edema discreto;
   ☐ o local fica mais sensível ao toque;
   ☐ a pele descama completamente em menos de uma semana e não deixa cicatrizes.
■ queimaduras parciais (2° grau):
   ☐ a lesão compromete toda a epiderme e parte superficial da derme;
   ☐ levam à formação de bolhas, com hiperemia e inflamação ao redor;
   ☐ geralmente curam em até três semanas, mas, se forem mais profundas, podem demorar mais tempo para curar e deixar a pele mais sensível, com diferente coloração e retração.

- queimaduras totais (3° grau):
  - [ ] há destruição de todos os planos da pele, inclusive anexos cutâneos (matriz dos pelos, glândulas sebáceas e sudoríparas) e vasos;
  - [ ] as lesões são pálidas, de aspecto semelhante ao couro, sem elasticidade e sem saída de secreção;
  - [ ] não há sensibilidade tátil ou de dor no local, pela destruição das terminações nervosas;
  - [ ] a cicatrização é deformante, podendo levar dois anos para a cura completa.
- carbonização:
  - [ ] as partes moles superficiais (pele, subcutâneo e musculatura) se tornam um tecido duro, friável e preto, com diminuição do volume temporal;
  - [ ] os membros se encontram semifletidos, pela retração muscular.

4.10.2 Frio

Ação do frio difuso (hipotermia):

- de acordo com a temperatura central atingida, a hipotermia pode ser leve (32-35°C), moderada (28-32°C) e grave (< 28°C):
  - [ ] leve: sonolência, tremor, hipertensão arterial, taquicardia e depois bradicardia, falta de ar, aumento de diurese;
  - [ ] moderada: alucinações, rigidez da musculatura, arritmia, redução do pulso, hipoventilação;
  - [ ] grave: perda da consciência, pele fria e avermelhada, hipotensão arterial, parada cardiorrespiratória, oligúria;
- nas vítimas fatais de hipotermia, observa-se:
  - [ ] externamente: vermelhidão das partes expostas, cútis anserina (ereção dos pelos) e flictenas;

62 Medicina Legal e Perícias Médicas

- ☐ internamente: sangue de cor vermelho-vivo, congestão visceral generalizada, congelamento de líquido sinovial.

Ação do frio local:

- ■ geladuras ou congelamento:
  - ☐ ocorre sensação de peso e entorpecimento do local comprometido, com dor latejante após ser reaquecido;
  - ☐ a dor pode durar semanas e pode haver sensação de formigamento ou choque por até seis meses;
  - ☐ nas formas graves, há necrose e gangrena do local, com aspecto enegrecido, que pode necessitar de amputação;
- ■ pé de imersão ou de trincheira:
  - ☐ um tipo específico de geladura, que ocorre geralmente onde há neve;
  - ☐ ocorre pela permanência prolongada do pé em água gelada;
  - ☐ ocorre em nervos sensoriais, levando à dor;
  - ☐ a depender da gravidade também pode causar gangrena.

4.10.3 Energia elétrica

As lesões causadas por energia elétrica podem ser decorrentes da energia natural ou da industrial, produzida em usinas. Às lesões causadas por energia natural se dá o nome de fulguração, enquanto as causadas por energia industrial se chamam eletroplessão.

As lesões causadas pela energia elétrica dependem de características físicas individuais e próprias da fonte elétrica. Voltagens abaixo de 50 V raramente causam acidentes. A amperagem é provavelmente o fator principal para as lesões e pode causar lesões em 70-80 mA em correntes alternadas e em 200-250 mA em correntes contínuas. As execuções na cadeira elétrica são realizadas por quatro choques entre 500 V e 2300 V alternados, sob corrente de 7A.

4.10.3.1 Fulminação

Os raios podem causar lesões às pessoas por meio da eletricidade propriamente dita, pela onda de choque da ionização do ar e pela luminosidade intensa. Os raios podem causar diversos tipos de acidente, caindo sobre a vítima ou em suas proximidades, por meio de metais que estejam em contato com a vítima, pelo chão, por meio de equipamentos elétricos próximos, por queimaduras pelo ar superaquecido.

Características das lesões:

- lesões externas:
  - queimaduras;
  - figuras arboriformes de Lichtemberg: marcas avermelhadas em forma de árvore, samambaia ou pena, geralmente no tórax, no pescoço e no abdome;
  - impressão de artigos metálicos que a pessoa estivesse usando durante o acidente;
- lesões internas:
  - petéquias hemorrágicas nos pulmões e no pericárdio;
  - lesões timpânicas;
  - catarata.

Mecanismo de morte:

- a maioria das vítimas de fulguração morre por causas cardíacas, com arritmias causadas pela energia elétrica;
- a fulguração também pode causar dano à região encefálica, responsável pelo controle da respiração; lesões cerebrais; paralisia dos músculos respiratórios; e lesões de natureza mecânica.

4.10.3.2 Eletroplessão

A eletroplessão causa lesões por:

- efeitos da corrente elétrica:
  - ☐ arritmia cardíaca (fibrilação ventricular), que pode levar à morte se não revertida imediatamente;
  - ☐ contração muscular, que pode levar a fraturas;
- efeitos térmicos:
  - ☐ marca elétrica (descrita por Jellinek): queimadura pequena, mas de grande profundidade, de forma circular ou elíptica, coloração branco-amarelada, com bordas elevadas e fundo retraído;
- efeitos dos arcos voltaicos (fagulhas luminosas, que pulam do condutor de alta voltagem para o organismo que permita passagem da corrente para o solo):
  - ☐ carbonização da pele e tecidos adjacentes;
  - ☐ se o contato é pela cabeça, pode haver explosão do crânio pela ebulição instantânea do cérebro.

O mecanismo de morte é semelhante ao de acidentes por fulguração.

4.10.4 Energia barométrica

O organismo humano funciona com uma mistura gasosa ambiental que exerce pressão atmosférica de 760 mmHg ao nível do mar, mas tem capacidade de adaptação e consegue se manter em pressões um pouco maiores ou menores. Ultrapassados os limiares de tolerância, o organismo sofre alterações, chamadas de baropatias.

Estão sujeitas às baropatias principalmente pessoas que necessitam trabalhar em ambientes pressurizados, em locais que correm risco de descompressão e em grandes altitudes. Por exemplo:

- ambientes pressurizados: mineiros e mergulhadores;
- descompressão: aviadores (cabines pressurizadas);
- grandes altitudes: pequena pressão atmosférica.

As baropatias geralmente são acidentais e ocupacionais.

4.10.4.1 Baixas pressões

Decorrem, em geral, da permanência em altas altitudes, uma vez que, quanto maior a altitude, menor a pressão atmosférica. Os sintomas costumam aparecer em altitudes acima de 3.000 m.

Em grandes altitudes, o organismo otimiza o transporte de oxigênio, por meio da amplitude do movimento respiratório. Cronicamente, em habitantes de locais de altitude elevada, pela menor disponibilidade de oxigênio no ar, o corpo estimula a produção de glóbulos vermelhos para otimizar o transporte de oxigênio aos tecidos.

Para as pessoas não acostumadas a altitudes elevadas, a adaptação depende principalmente do tempo de subida e do tempo de permanência. Ascensões muito rápidas podem levar a sintomas agudos de hipóxia: excitação mental, euforia, tagarelice, crises de riso ou de choro, irritabilidade e aparecimento de ideias fixas (efeitos semelhantes ao da embriaguez alcoólica).

Baropatias decorrentes de baixas pressões:

- doença das montanhas:
  - □ aparece nos recém-chegados em grandes altitudes, geralmente após 12 horas, variando entre seis e nove horas;
  - □ aparece em altitudes superiores a 3.000 m, podendo aparecer em 2.000 m;
  - □ pode se manifestar aguda ou cronicamente:
    - ● aguda: benigna ou maligna (edema pulmonar ou cerebral);
    - ● crônica: doença de Monge;
  - □ forma clássica:
    - ● geralmente ocorre em ascensões rápidas a mais de 4.000 m;

- o primeiro e mais frequente sintoma é cefaleia frontal incapacitante, que melhora com hiperventilação;
- outros sintomas: insônia, fotofobia, anorexia, tontura, náusea e dispneia;
- desaparecem com o repouso após dois a cinco dias;
- desencadeados ou piorados por exercício físico;

■ edema pulmonar das grandes altitudes:
  - quadro agudo, abrupto, sem sintomas de alerta;
  - é tão rápido que parece um afogamento em seus próprios líquidos, com sons que lembram gargarejo;
  - mais comum: jovens sadios da segunda e terceira décadas de vida, sem qualquer patologia pulmonar ou cardíaca;
  - tratamento com câmara hiperbárica;
  - início dos sintomas em um a três dias, podendo demorar dez dias para acontecer;
  - pode ser desencadeada por subida rápida e seguida de trabalho com esforço físico;
  - mais comum em moradores de grande altitude (*highlanders*) que passam um a seis meses em altura do mar e retornam para a grande altitude;
  - sintomas: moleza, falta de ar, cefaleia e tosse seca;
  - sinais: cianose, estertores de intensidade crescente, eliminação de espuma rósea densa pelas narinas e bocas, aumento do som de fechamento da válvula pulmonar à ausculta cardíaca;

■ edema cerebral:
  - mais raro;
  - sinais e sintomas: cefaleia, alterações hemorrágicas focais ao fundo de olho, alterações da consciência, ataxia, disfunção vesical, aumento da pressão do líquor;
  - quadro gravíssimo, de evolução rápida;
  - requer imediata remoção para locais mais baixos (ou câmera hiperbárica);

- doença de Monge:
  - forma crônica da doença das montanhas em indivíduos que habitam há muito tempo grandes altitudes;
  - lábios enegrecidos, mucosas vinhosas;
  - extremidade dos dedos em baqueta de tambor;
  - diminuição da aptidão aos esforços físicos;
  - cefaleia, tontura, parestesias e sonolência;
  - irritabilidade, depressão e alucinações;
  - hipertensão pulmonar.

4.10.4.2 Altas pressões

As doenças decorrentes de altas pressões ocorrem em pessoas que são submetidas a pressão superior a 1 atm, geralmente mergulhadores e mineiros. Como os tecidos do corpo são compressíveis e elásticos, além de haver cavidades pneumáticas dentro do corpo, o aumento da pressão externa pode levar à rotura de membranas ou alterações circulatórias dentro do organismo.

Baropatias decorrentes de baixas pressões:

- barotrauma auditivo:
  - muito comum entre mergulhadores;
  - a mudança de pressão externa tem que ser igualada com a pressão interna, para que o tímpano volte ao estado de repouso. Caso haja algum impedimento nesse mecanismo, como em pessoas gripadas ou resfriadas, ocorre barotrauma auditivo;
  - em mergulhos, quando há ruptura do tímpano, inicialmente, há dor intensa, seguida de alívio da dor (pela rotura) e sensação vertiginosa intensa (água fria no conduto auditivo), o que pode levar o mergulhador a perder a noção de cima/baixo;

- a rotura timpânica costuma se resolver espontaneamente, mas pode haver surdez permanente;
- barotrauma sinusal:
  - ocorre quando há obstrução da cavidade sinusal com a cavidade nasal;
  - pode haver ruptura de vasos (hemossinus);
  - dor intensa, que inviabiliza a continuação do mergulho;
  - o acúmulo de líquido no seio paranasal pode levar à infecção;
- barotrauma dental:
  - tratamentos de canal malfeitos podem conter ar, o que causa dor na subida e na descida de mergulhos;
  - descida: presa maior nos vasos dos alvéolos dentários e raiz produz inundação do espaço livre;
  - subida: expansão do ar no canal empurra o líquido contra o ápice dentário, causando intensa dor;
- barotrauma digestivo:
  - raro;
  - distensão aguda de víscera oca devido à diminuição da pressão ambiental;
  - o mergulhador engole ar, e, na subida, o ar expande e distende o estômago;
  - dependendo da velocidade de subida, pode haver ruptura do estômago;
- intoxicação pelos gases hiperbáricos:
  - ocorre pelo aumento da pressão parcial dos gases no sangue;
  - nitrogênio:
    - mesmos sintomas da embriaguez;
    - ocorre em mergulhadores, com início dos sintomas após uma hora a mais de 40 m de profundidade;
    - 80 m: diminuição da atenção e da coordenação motora;
    - 120 m: manifestações psicóticas;

- a fase de excitação é seguida de depressão e incapacidade de buscar ajuda, entorpecimento progressivo e perda da consciência;
- facilmente resolvido com troca do nitrogênio nos cilindros de ar pelo gás hélio;
- ☐ oxigênio:
  - quando há aumento da pressão parcial de oxigênio (pO2), aumenta a produção de radicais livres, superando a capacidade de inativação;
  - os radicais livres geram desintegração das membranas e inibição de enzimas;
  - os neurônios são mais sensíveis ao efeito tóxico do oxigênio, gerando convulsões e coma;
- ■ baropatias de descompressão rápida:
  - ☐ se for feita descompressão rápida, pode ocorrer a doença da descompressão e/ou embolia traumática pelo ar;
  - ☐ ocorre pelo aparecimento de bolhas de ar no interior dos líquidos orgânicos;
  - ☐ essas bolhas são revestidas por uma capa lipoproteica e vão crescendo e distendendo os vasos – pode haver aderência de plaquetas nessas bolhas;
  - ☐ as bolhas no sistema arterial levam a fenômenos isquêmico;
  - ☐ o quadro clínico é variável:
    - Tipo 1: predomínio dos sintomas, músculo esqueléticos, cutâneos e em linfonodo;
    - Tipo 2: mais grave, com sintomas cardiorrespiratórios, neurológicos e do ouvido interno;
- ■ explosões:
  - ☐ as explosões também causam doenças relacionadas à alta pressão exercida;
  - ☐ os efeitos lesivos da explosão, chamados de onda de choque (*blast*), são divididos em quatro:

70 Medicina Legal e Perícias Médicas

- *blast* primário: lesões da onda de choque propriamente dita:
  - ○ lesão do aparelho auditivo;
  - ○ lesão pulmonar;
  - ○ lesões do tubo digestivo;
- *blast* secundário: estilhaçamento:
  - ○ ação perfurocontundente de fragmentos estilhaçados;
- *blast* terciário: deslocamento do indivíduo:
  - ○ lesões mecânicas pelo lançamento do indivíduo contra o anteparo, além da queda de construções sobre ele;
- *blast* quaternário: todas as demais lesões, como queimadura, intoxicação e irradiação.

4.10.5 Energia radiante

É a propagação da energia no espaço, produzindo algum efeito na matéria que tiver contato. É dividida em:

- radiação não ionizante: não são mutagênicas ou cumulativas:
  - □ luz: ação intensiva sobre os órgãos da visa pode causar cegueira total;
  - □ infravermelho e ultravioleta: lesões do cristalino e conjuntivas;
  - □ *laser*: efeito fotoquímico e fototérmico – pode causar lesão de córnea, cristalino e pele;
  - □ som: poluição sonora pode gerar perda auditiva;
- radiação ionizante:
  - □ exposição: o corpo é submetido ao contato com a fonte de radiação ionizante, não se torna radioativo, mas pode sofrer efeitos da exposição;
  - □ contaminação: o material radioativo entra em contato com o corpo, tornando-se radioativo. Enquanto houver contato, haverá contaminação:

Traumatologia forense **71**

- externa: pele;
- interna: ingestão, absorção ou injeção (ex.: iodo radioativo terapêutico);
- ☐ fontes de radiação:
  - natural: sol, cosmos, radionuclídeos na superfície terrestre;
  - aparelhos de raio-x;
  - aceleradores lineares de partículas para radioterapia;
  - medicina nuclear (substâncias radioativas);
- ☐ pode causar radiodermites ou sintomas sistêmicos (cefaleia, vertigem, alterações de olfato; sintomas gastrointestinais, sintomas cardiovasculares, alterações hematológicas);
- ☐ efeitos:
  - agudos: se iniciam em horas, dias ou semanas – podem ocorrer náuseas, vômitos, hemorragias, infecções, diarreia, perda de cabelo etc.;
  - tardios: após anos de exposição – pode ser em grandes exposições em longo período – ocorre aumento da incidência de câncer, indução de catarata, anormalidades no desenvolvimento do embrião e redução da vida média;
  - genéticos: produção de mutação genética em células de reprodução, que podem ser transmitidas.

4.10.6 Energias de ordem química

Segundo Flamínio Fávero (1991), as energias de ordem química são as que atuam por substâncias que entram em reação com os tecidos vivos. Podem atuar externamente (cáusticos) ou internamente (venenos).

4.10.6.1 Cáusticos

Cáusticos "são substâncias que, pelas suas afinidades químicas, desorganizam os tecidos em cujo contato se põem"

(FÁVERO, 1991). As lesões causadas pelas substâncias cáusticas são habitualmente chamadas de queimaduras químicas. A gravidade da lesão depende da região acometida e do tamanho da superfície de contato corporal com a substância. As cicatrizes formadas por essas lesões são irregulares, retraídas e hipertróficas.

Classificação quanto à constituição química:

- ácidos: sulfúrico, nítrico, clorídrico etc.;
- álcalis: hidróxido de sódio, hidróxido de cálcio, amônia;
- sais: nitrato ácido de mercúrio, cloreto de zinco;
- gases: iperita (gás pimenta).

Classificação quanto ao efeito:

- baseada no mecanismo de ação local da substância;
- coagulantes (geralmente substâncias ácidas) ou liquefacientes (geralmente alcalinos).

Coagulantes	Liquefacientes
Desidratantes	Formação de sabão com a gordura
Lesão seca e endurecida	Lesão úmida e escorregadia
Coloração varia com a substância	Aspecto brilhante
Substância clássica: formol	Substância clássica: soda cáustica

Quanto à natureza jurídica:

- acidental: os ambientes mais comuns de ocorrência são trabalho e escola;
- voluntário (suicídio): geralmente utilizam via digestiva;
- criminoso:
  - □ vitriolagem:
    - ● ato de jogar uma substância cáustica com a intenção de deformar outra pessoa;

- nome dado inicialmente às lesões provocadas pelo ácido sulfúrico (vitríolo), mas atualmente é denominação genérica às lesões produzidas pelos cáusticos;
- geralmente as lesões se situam no rosto, no pescoço e no tórax.

4.10.6.2 Venenos

É o "agente químico que, quando interage em contato com o organismo, altera elementos bioquímicos fundamentais para a vida" (CALABUIG, 2018). Ou seja, são os que apresentam ação sistêmica.

Todas as substâncias, quando ingeridas em excesso, podem representar risco para o organismo, inclusive a água. Já disse Paracelso (2000): "Todas as substâncias são venenos; não existe uma que não seja veneno. A dose certa diferencia um veneno de um remédio". Por essa razão, alguns autores admitem a denominação de veneno para as substâncias que são letais em doses pequenas e quando administradas a pessoas sadias, excluindo os efeitos causados por superdosagem e efeitos colaterais. A nomenclatura intoxicação exógena inclui todas essas situações, inclusive envenenamentos.

As principais causas de intoxicação exógena são: medicamentos e animais peçonhentos, principalmente escorpiões. As principais vítimas são crianças, por remédios e produtos de limpeza. Incluem-se ainda na denominação de intoxicação exógena as drogas de abuso, tanto lícitas quanto ilícitas.

De que depende a ação dos venenos:

- dose;
- veículo utilizado;
- via de penetração (curare tem ação moderada se ingerido e ação rápida em tecido subcutâneo);
- condições individuais (idade, estado de higidez, tolerância).

Critérios para diagnóstico de envenenamento:

- circunstancial;
- sindrômico (sinais e sintomas);
- anatomopatológico (exames externo e interno do cadáver para características específicas);
- toxicológico (isolamento, identificação e dosagem da substância).

Coleta de amostras:

- o exame no Estado de São Paulo é realizado pelo Núcleo de Toxicologia Forense do Instituto de Criminalística da Superintendência da Polícia Técnico-Científica;
- para vivos:
  - □ álcool etílico apenas: sangue com anticoagulante (5 mL);
  - □ álcool etílico + drogas e/ou medicamentos: 10 mL de sangue e 40 mL ou mais de urina;
  - □ canabinoides (maconha): somente urina (40 mL ou mais);
- para cadáveres (resumo):
  - □ 5 mL sangue em vacutainer;
  - □ 40 mL de sangue;
  - □ urina;
  - □ 100 g de fígado;
  - □ 100 g de rim;
  - □ 50 g de pulmão;
  - □ estômago fechado com conteúdo;
  - □ humor vítreo.

Quanto à etiologia jurídica:

- acidental (ex.: ingestão involuntária);
- suicídio;
- criminoso (uso de veneno é um agravante para crimes contra a pessoa).

4.10.7 Energias de ordem físico-químicas – asfixiologia

Para finalizar o capítulo de traumatologia forense, fica o estudo das energias de ordem físico-químicas, que engloba as asfixias. Em sua origem grega, a palavra *asfixia* significa "sem pulso". No entanto, a asfixia atualmente pode ser definida como o impedimento da ventilação pulmonar por alteração da dinâmica respiratória ou do meio ambiente, gerando anóxia (falta de oxigenação nos tecidos) e hipercapnia (aumento de gás carbônico do sangue).

Classificação etiológica médico-legal das asfixias:

- obstrução das vias respiratórias:
  - □ constrição do pescoço:
    - enforcamento;
    - estrangulamento;
    - esganadura;
  - □ sufocação direta;
- impedimento da expansão torácica:
  - □ sufocação indireta;
  - □ fraturas costais múltiplas;
  - □ paralisia da musculatura respiratória (eletroplessão, drogas);
- modificações do meio ambiente:
  - □ por privação de oxigênio: confinamento e gases inertes;
  - □ soterramento;
  - □ afogamento;
- parada respiratória central (traumatismo cranioencefálico, eletroplessão e fulguração, intoxicação por drogas depressoras do sistema nervoso central).

Sinais gerais de asfixia:

- sinais externos:
  - □ cianose, principalmente em extremidades;

76 Medicina Legal e Perícias Médicas

- ☐ protrusão lingual;
- ☐ exoftalmia;
- ☐ espuma na boca e nas narinas ("cogumelo de espuma");
- ☐ petéquias na pele e nas mucosas;
- ☐ hipóstase precoces, escuras (mais escuras quando envolvem processo asfíxico) e abundantes;
- ☐ hemorragias conjuntivais, mais frequente em estrangulamento e sufocação indireta.
- ☐ sinais internos:
- ☐ manchas/petéquias de Tardieu (petéquias nas mucosas e nas pleuras);
- ☐ no pulmão é mais frequente encontrar entre os lobos;
- ☐ sangue escuro e fluido;
- ☐ congestão polivisceral, principalmente no fígado, nos pulmões e no cérebro;
- ☐ no anatomopatológico, praticamente todos os órgãos têm congestão.

4.10.8 Constrição cervical

4.10.8.1 Enforcamento

Refere-se à asfixia por **constrição do pescoço** por meio de um **laço** acionado pelo próprio **peso da vítima**. Para a morte por enforcamento, não é necessário que o corpo esteja completamente suspenso, mas é mais comum. No enforcamento típico, ocorre a suspensão completa com o nó para trás.

Geralmente é suicídio (mais de 98% dos casos). Pode ser homicídio, mas é necessário que haja grande desproporção de tamanho entre agressor e vítima ou que a vítima esteja inconsciente. Há ainda chance, embora remota, de ser acidental, como em tentativas de fuga por janelas, se a vítima ficar com o pescoço preso no esquadro (não ocorre por laço, mas a constrição é pelo peso da vítima).

São sinais de enforcamento:

- sulco único, acima da tireoide, oblíquo e interrompido (a interrupção mostra onde estava o nó), sendo mais profundo na região oposta ao nó;
- as hipóstases se formam nas partes distais dos membros, por ação da gravidade;
- fratura de osso hioide não é tão comum, visto que é um osso articulado;
- lesões nas artérias carótidas:
  - □ **sinal de Amussat**: ruptura da camada íntima da artéria;
  - □ **sinal de Friedberg**: equimose da camada adventícia (mais externamente);
- lesões internas mais altas que as externas:
  - □ a pele do pescoço sobe junto com o laço e produz as lesões internas onde o sulco fica;
  - □ após a retirada do laço, a pele desce para o local original e as lesões internas ficam acima da lesão da pele;
- sinais gerais de asfixia.

4.10.8.2 Estrangulamento

São as asfixias por constrição do pescoço por um **laço** acionado por outro meio que não o peso da vítima. Em geral são homicídios, mas podem ser acidentais.

São sinais de estrangulamento:

- sulco perpendicular ao eixo do pescoço, contínuo (há exceções) e uniforme;
- há hiperemia e tumefação do rosto;
- pode haver lesões carotídeas e sinais de luta;
- espuma abundante na traqueia, na laringe e nos brônquios;

78 Medicina Legal e Perícias Médicas

- fratura de cartilagens do pescoço: hioide, tireoide e cricoide (mais comum no estrangulamento, pelas lesões mais baixas que do enforcamento);
- sinais externos e internos no mesmo plano;
- sinais gerais de asfixia.

4.10.8.3 Esganadura

É a asfixia por constrição do pescoço exercida pelas **mãos** do agressor. Sempre configura homicídio.

São sinais de esganadura:

- estigmas ungueais no pescoço (marcas das unhas pela força de constrição);
- cianose e petéquias no rosto;
- sinais de luta;
- equimoses no subcutâneo e nos músculos do pescoço e glândulas salivares;
- fraturas e/ou luxações no hioide e nas cartilagens cervicais;
- congestão e enfisema pulmonar;
- espuma na traqueia e nos brônquios;
- sinais gerais de asfixia.

Caso a vítima de agressões por constrição cervical sobreviva, pode apresentar lesões decorrentes das lesões cervicais e dos distúrbios neurológicos relacionados à privação de oxigênio.

Em relação às lesões externas, o sulco fica mais nítido no dia seguinte, apresentando hiperemia, e ainda pode revelar múltiplas lesões. Pode haver novas equimoses e início da formação de crostas se houver escoriações pelo laço, além de congestão conjuntival e equimoses em marcas dos dedos do agressor (em esganaduras).

Internamente, pode haver edema das cordas vocais, levando a respiração ruidosa e rouquidão em graus variados, que pode ser permanente. Além disso, pode haver tosse com sangue e dor ao manipular o pescoço e ao deglutir.

Podem ocorrer sequelas gravíssimas ou apenas sinais de sofrimento cerebral, levando a convulsões ou mesmo a coma profundo, amnésia, confusão mental ou crises de pânico.

4.10.8.4 Sufocação direta

Asfixia por oclusão dos orifícios (nariz e boca simultaneamente) ou vias aéreas. Pode ser realizada por meio das mãos (mais comum em crianças, nas quais, pelo tamanho, a mão de um adulto consegue cobrir nariz e boca) ou de objetos (travesseiros; dentaduras; alimentos, como o leite, em bebês).

São sinais de sufocação direta:

- presença do agente causador;
- estigmas ungueais em torno dos orifícios se a vítima não está contida;
- sinais gerais de asfixia.

4.10.8.5 Sufocação indireta

Asfixia por impedimento da expansão torácica, por aglomerações, terra, areia etc., com orifícios e vias aéreas livres ou vítimas presas em ferragens em acidentes.

São sinais de sufocação indireta:

- máscara equimótica de Morestin: congestão cefálica;
- exoftalmia intensa;
- fraturas de costelas;
- sinais gerais de asfixia.

80 Medicina Legal e Perícias Médicas

4.10.8.6 Soterramento

Asfixia produzida no meio sólido ou semisólido, levando à morte por sufocação direta ou indireta.

São sinais de soterramento:

- presença de substância impregnando externamente o corpo (ex.: terra);
- presença de substâncias nas vias aéreas e no estômago, se sufocação direta;
- traumatismos (fratura de costelas);
- sinais gerais de asfixia.

4.10.8.7 Confinamento

Asfixia produzida por meio pobre em oxigênio e de pequenas dimensões, sem circulação de ar. Os sinais são os gerais de asfixia.

4.10.8.8 Asfixia por gases inertes

Asfixia produzida pela substituição do ar por um gás inerte (não tóxico), como argônio, xenônio, butano, propano etc. Os sinais são os gerais de asfixia.

4.10.8.9 Afogamento

É a asfixia provocada pelo meio líquido.

São sinais externos de afogamento:

- sinais de que o corpo esteve na água (ou em ambiente muito líquido):
  - □ embebição cadavérica (cadáver volumoso);
  - □ maceração da pele (enrugamento da pele);

- ☐ pele anserina (eriçamento dos pelos, pela embebição de água no músculo eretor do pelo, sem relação com a temperatura da água);
- ▪ lesões provocadas por peixes, caranguejos etc.:
  - ☐ o principal animal necrofágico do oceano é o camarão;
- ▪ presença de sujeira na pele (lodo, areia, algas etc.);
- ▪ cogumelo de espuma (massa de bolhas nas vias e nos orifícios aéreos);
- ▪ sinais de luta ou arraste (escoriações, lacerações etc.) vitais ou pós-mortais;
- ▪ sinais gerais de asfixia.

São sinais internos de afogamento:

- ▪ manchas de Paltauf (equimoses subpleurais maiores, mais pálidas e de contornos mais imprecisos que as manchas de Tardieu):
  - ☐ pode aparecer em outros casos de asfixia, mas é bastante sugestivo de afogamento;
- ▪ espumas nas vias aéreas;
- ▪ corpos estranhos nas vias áreas (areia, lodo, plâncton, algas etc.);
- ▪ pulmões bojudos, inchados, armados, repletos de espumas;
- ▪ estômago repleto de água.

"Afogados brancos":

- ▪ indivíduos que morreram ou foram encontrados na água sem se afogar, segundo Simonin (1962);
- ▪ a autópsia não mostra sinais de afogamento;
- ▪ constituem cerca de 10% dos casos de afogamento;
- ▪ podem ocorrer se houver:
  - ☐ morte por inibição vagal (geralmente quando a água está em temperatura muito baixa): a vítima morre antes de aspirar a água;
  - ☐ ocultação de crime (corpo jogado na água);
  - ☐ morte por um outro motivo qualquer.

5

Sexologia forense

A sexologia forense é o estudo do comportamento sexual e suas implicações no âmbito jurídico. Serão discutidas neste capítulo as perícias médicas em crimes sexuais, aborto e infanticídio.

5.1 Crimes sexuais

São os principais crimes contra a dignidade sexual para os quais se solicita perícia médica, pelo Código Penal:

Estupro

Art. 213. Constranger alguém, mediante violência ou grave ameaça, a ter conjunção carnal ou a praticar ou permitir que com ele se pratique outro ato libidinoso: (Redação dada pela Lei nº 12.015, de 2009)

Pena – reclusão, de 6 (seis) a 10 (dez) anos. (Redação dada pela Lei nº 12.015, de 2009)

§ 1º Se da conduta resulta lesão corporal de natureza grave ou se a vítima é menor de 18 (dezoito) ou maior de 14 (catorze) anos: (Incluído pela Lei nº 12.015, de 2009)

Pena – reclusão, de 8 (oito) a 12 (doze) anos. (Incluído pela Lei nº 12.015, de 2009)

§ 2º Se da conduta resulta morte: (Incluído pela Lei nº 12.015, de 2009)

Pena – reclusão, de 12 (doze) a 30 (trinta) anos (Incluído pela Lei nº 12.015, de 2009)

Violação sexual mediante fraude (Redação dada pela Lei nº 12.015, de 2009)

Art. 215. Ter conjunção carnal ou praticar outro ato libidinoso com alguém, mediante fraude ou outro meio que impeça ou dificulte a livre manifestação de vontade da vítima: (Redação dada pela Lei nº 12.015, de 2009)

Pena – reclusão, de 2 (dois) a 6 (seis) anos. (Redação dada pela Lei nº 12.015, de 2009)

Parágrafo único. Se o crime é cometido com o fim de obter vantagem econômica, aplica-se também multa. (Redação dada pela Lei nº 12.015, de 2009)

Importunação sexual (Incluído pela Lei nº 13.718, de 2018)

Art. 215-A. Praticar contra alguém e sem a sua anuência ato libidinoso com o objetivo de satisfazer a própria lascívia ou a de terceiro: (Incluído pela Lei nº 13.718, de 2018)

Pena – reclusão, de 1 (um) a 5 (cinco) anos, se o ato não constitui crime mais grave. (Incluído pela Lei nº 13.718, de 2018)

[...]

Estupro de vulnerável (Incluído pela Lei nº 12.015, de 2009)

Art. 217-A. Ter conjunção carnal ou praticar outro ato libidinoso com menor de 14 (catorze) anos: (Incluído pela Lei nº 12.015, de 2009)

Pena – reclusão, de 8 (oito) a 15 (quinze) anos. (Incluído pela Lei nº 12.015, de 2009)

§ 1º Incorre na mesma pena quem pratica as ações descritas no *caput* com alguém que, por enfermidade ou deficiência mental, não tem o necessário discernimento para a prática do ato, ou que, por qualquer outra causa, não pode oferecer resistência. (Incluído pela Lei nº 12.015, de 2009)

[...]

§ 5º As penas previstas no *caput* e nos §§ 1º, 3º e 4º deste artigo aplicam-se independentemente do consentimento da vítima ou do fato de ela ter mantido relações sexuais anteriormente ao crime. (Incluído pela Lei nº 13.718, de 2018)

Portanto, o principal objetivo da perícia em sexologia forense para os crimes sexuais é a determinação de conjunção carnal e de outros atos libidinosos, mas também deve atentar para outras lesões corporais e para a presença de enfermidades ou deficiência mental na vítima que se enquadrem no art. 217-A, § 1º (estupro de vulnerável).

5.2 Conjunção carnal

A conjunção carnal é definida pela cópula vaginal, ou seja, a introdução completa ou incompleta do pênis na vagina. Flamínio Fávero considera como sinais de certeza de conjunção carnal: rotura himenal, presença de esperma na vagina e gravidez. Com o avanço das técnicas laboratoriais e de genética, podem ser incluídos alguns itens nesses critérios. Além do esperma ou dos espermatozoides, o sêmen também contém outras substâncias que podem ser detectadas, como a fosfatase ácida prostática e o antígeno prostático-específico. Além disso, é possível realizar a pesquisa do cromossomo Y, presente somente no cariótipo de homens, exceto por determinadas e raras mutações.

Dessa forma, para a determinação de conjunção carnal, temos:

- sinais de certeza:
  - ☐ rotura himenal;
  - ☐ sêmen na vagina: espermatozoide, fosfatase ácida prostática e antígeno prostático-específico:
    - ● a coleta é feita em fundo de saco vaginal por meio de *swab* e pode ser feita em até 72 horas após o evento;
  - ☐ gestação:
    - ● pode ser detectada por sinais clínicos de gestação, laboratoriais (exame de betaHCG em sangue) e ultrassonografia;
  - ☐ pesquisa de cromossomo Y:
    - ● a coleta é feita como a do sêmen;
- sinais duvidosos:
  - ☐ dor local;
  - ☐ infecção sexualmente transmissível (em geral, podem ser transmitidas por outras formas, como contato com outras secreções e fômites);
  - ☐ lesões em áreas genitais, paragenitais e extragenitais.

5.2.1 Como se determina a rotura himenal?

O exame himenal é complexo e exige técnica diferente do exame ginecológico habitual. Ele exige treinamento e, mesmo com a prática, gera dúvidas; portanto, deve-se tomar cuidado com os diagnósticos de "rotura de hímen" realizados por médicos em atendimentos assistenciais. É recomendado que esse exame seja realizado por médico legista em IML habituado com a técnica do exame.

Anatomia do hímen:

- borda de inserção, que se relaciona com as paredes vaginais;
- borda livre, que delimita o óstio;
- orla, situada entre as bordas livres e de inserção;
- óstio.

Características da rotura himenal:

- solução de continuidade radial, a partir da borda livre;
- classificação:
  - □ completa: se estende por toda a orla e atinge a borda de inserção;
  - □ incompleta: não alcança a borda de inserção;
- se recente, pode apresentar retalhos sangrantes, com hiperemia, edema, equimose e exsudato fibrinoso ou fibrinopurulento;
- concluído o processo de cicatrização, as bordas da rotura ficam com tonalidade rósea inicialmente e esbranquiçada depois;
- leva de 2 a 30 dias para cicatrizar, dependendo da literatura;
- roturas acontecem no quadrante posterior, geralmente;
- pode ser confundida com entalhe, que é um dobramento próprio do hímen, uma vez que é um tecido mole.

A seguir, trazemos o Quadro 5.1, esquematizando as principais diferenças de entalhe e rotura himenal:

Quadro 5.1 Principais diferenças de entalhe e rotura himenal

Entalhe	Rotura
Simétrico	Assimétrico
Quadrantes anteriores	Quadrantes posteriores
Não costuma ir até a borda de inserção (formato em "U")	**Geralmente** vai até a borda de inserção (formato em "V")
Não coapta manualmente	Coapta manualmente

A determinação da rotura himenal recente por exame pericial é rara. Em geral, quando há rotura himenal, ela é antiga e está cicatrizada, indicando que houve prática de cópula vaginal em algum momento. Uma vez que há a rotura, as conjunções carnais posteriores podem não deixar novas lesões, mesmo se não consentidas. Dessa forma, o exame só é positivo para conjunção carnal recente se houver positividade dos exames para sêmen, pesquisa de cromossomo Y ou gestação com idade gestacional compatível com o evento.

Ressalta-se, ainda, a existência do chamado **hímen complacente**. Nesses casos, o hímen é mais elástico e tolera certa distensão sem se romper. Dessa forma, pode haver conjunção carnal sem rotura himenal.

5.3 Outros atos libidinosos

A determinação de outros atos libidinosos é mais difícil por haver menos sinais de certeza dessas práticas. Pode ser realizada pesquisa de sêmen e genética em região anal, oral e na pele (nos casos de importunação sexual, com ejaculação na pele), mas somente em até 24 horas do evento.

É realizado também exame físico completo para avaliar possíveis lesões corporais, que devem ser descritas no laudo.

Realiza-se também o exame anal, mas, como já dito, é sinal de certeza para prática de coito anal somente a presença de sêmen. São sinais duvidosos: presença de rágades, fissuras ou outras lesões em região anal e perianal.

5.4 E o médico assistente?

- **acolhimento**: trata-se de casos graves com elevado potencial psicopatológico nas vítimas e, portanto, não cabe ao médico assistente – e certamente nem mesmo ao perito – fazer prejulgamentos acerca do caso. Sempre que possível, a atuação multidisciplinar com enfermagem, assistente social e/ou psicólogos é de grande valia;

- na emergência: realizar tudo o que for necessário visando ao atendimento de urgência e emergência;
- se não for emergência: **evitar** exame genital, visando à coleta de provas adequadas pelo IML;
- no prontuário, **nunca afirmar** que houve violência sexual ("mãe refere que"; "paciente refere que");
- **Lei nº 13.931/2019:**
  - □ estabelece a notificação compulsória mesmo na suspeita de violência;
  - □ obriga a equipe de saúde a comunicar a autoridade policial em até 24 horas do atendimento, o que é extremamente questionável frente ao que se postula da boa prática assistencial e pericial. O sigilo médico é quebrado por força de lei, como no caso; entretanto, não são raras as situações em que a suposta vítima não deseja que seja comunicada a autoridade policial, e vemos, portanto, que há um entrave complexo para as equipes de saúde lidarem. O compartilhamento de responsabilidades, juntamente com a diretoria clínica do serviço, pode ser uma saída para facilitar que o médico que esteja no atendimento tenha maior respaldo com tal conduta que é exigida por lei;
- **aconselhar** a fazer boletim de ocorrência, para que, dessa forma, se instaure inquérito policial e consequente requisição de perícia médica;
- com as crianças, o raciocínio é o mesmo na abordagem, com a ressalva que o médico pode julgar necessário manter a criança internada até ser avaliada pelo conselho tutelar, caso haja suspeita de abuso por parte de pais ou familiares.

5.5 Aborto

O conceito médico-legal de aborto é a **expulsão do concepto morto em qualquer período da gestação** (morte intraútero). Difere do conceito adotado pela Obstetrícia, que define o aborto como a interrupção da gestação antes de 20 semanas de idade gestacional ou com feto de peso menor que 500 g. Para as demais situações, denomina-se óbito fetal.

O aborto é um crime e consta no Código Penal na parte de Crimes contra a pessoa, capítulo dos Crimes contra a vida:

Aborto provocado pela gestante ou com seu consentimento

Art. 124. Provocar aborto em si mesma ou consentir que outrem lho provoque: (Vide ADPF 54)

Pena – detenção, de um a três anos.

Aborto provocado por terceiro

Art. 125. Provocar aborto, sem o consentimento da gestante:

Pena – reclusão, de três a dez anos.

Art. 126. Provocar aborto com o consentimento da gestante: (Vide ADPF 54)

Pena – reclusão, de um a quatro anos.

Parágrafo único. Aplica-se a pena do artigo anterior, se a gestante não é maior de quatorze anos, ou é alienada ou débil mental, ou se o consentimento é obtido mediante fraude, grave ameaça ou violência.

Forma qualificada

Art. 127. As penas cominadas nos dois artigos anteriores são aumentadas de um terço, se, em consequência do aborto ou dos meios empregados para provocá-lo, a gestante sofre lesão corporal de natureza grave; e são duplicadas, se, por qualquer dessas causas, lhe sobrevém a morte.

Art. 128. Não se pune o aborto praticado por médico: (Vide ADPF 54)

Aborto necessário

I – se não há outro meio de salvar a vida da gestante;

Aborto no caso de gravidez resultante de estupro

II – se a gravidez resulta de estupro e o aborto é precedido de consentimento da gestante ou, quando incapaz, de seu representante legal.

Conforme **Norma Técnica do Ministério da Saúde – Prevenção e Tratamento dos Agravos Resultantes de Violência – Série Direitos Sexuais e Direitos Reprodutivos – Caderno n° 6** (MINISTÉRIO DA SAÚDE, 2012), a vítima de estupro que deseje realizar o aborto não precisa notificar o fato à polícia para que possa realizar o procedimento:

O Código Penal não exige qualquer documento para a prática do abortamento nesse caso, a não ser o consentimento da mulher. Assim, a mulher que sofre violência sexual não tem o dever legal de noticiar o fato à polícia. Deve-se orientá-la a tomar as providências policiais e judiciais cabíveis, mas, caso ela não o faça, não lhe pode ser negado o abortamento. O Código Penal afirma que a palavra da mulher que busca os serviços de saúde afirmando ter sofrido violência deve ter credibilidade, ética e legalmente, devendo ser recebida como presunção de veracidade. O objetivo do serviço de saúde é garantir o exercício do direito à saúde; portanto, não cabe ao profissional de saúde duvidar da palavra da vítima, o que agravaria ainda mais as consequências da violência sofrida. Seus procedimentos não devem ser confundidos com os procedimentos reservados à polícia ou à Justiça.

Caso revele-se, após o abortamento, que a gravidez não foi resultado de violência sexual, o Código Penal brasileiro, art. 20, § 1°, afirma que "é isento de pena quem, por erro plenamente justificado pelas circunstâncias, supõe situação de fato que, se existisse, tornaria a ação legítima". Assim, se todas as cautelas procedimentais foram cumpridas pelo serviço de saúde, no caso de verificar-se, posteriormente, a inverdade da alegação de violência sexual, somente a gestante, em tal caso, responderá criminalmente pelo crime de aborto.

5.5.1 Aborto seletivo

Há algumas situações nas quais o feto apresenta anomalias que são incompatíveis com a vida extrauterina. Nesses casos, a antecipação terapêutica do parto pode ser solicitada judicialmente.

Para o feto anencéfalo, o Supremo Tribunal Federal julgou procedente a Arguição de Descumprimento de Preceito Fundamental n° 54, de 17 de junho de 2004 (ADPF-54). Dessa forma, é possível a antecipação terapêutica do parto, com a ressalva que não se considera aborto, uma vez que não há potencialidade de vida extrauterina. Para que o procedimento possa ser realizado, o CFM estabelece alguns critérios diagnósticos em Resolução CFM n° 1.989/2012, incluindo a assinatura de laudo por dois médicos capacitados para esse diagnóstico.

Para outras anomalias, os casos são avaliados individualmente. Para que haja autorização judicial para a antecipação do parto, a anomalia deve inviabilizar a vida extrauterina e o diagnóstico deve ser inquestionável. Deve se considerar, nesses casos, os danos psicológicos para a gestante, que, sem a antecipação, precisaria conduzir até o fim a gestação de feto que não apresenta chances de sobrevida.

5.5.2 Perícia médica no aborto

O exame necroscópico do feto abortado deve tentar definir a idade gestacional que o feto apresentava quando morreu, há quanto tempo estava morto e a causa de morte.

Inicialmente, é realizado exame necroscópico externo, detalhando as condições de recebimento do feto, o sexo do feto, as possíveis lesões externas e se há placenta ou saco amniótico junto ao feto. São feitas as medidas do feto para estimativa da idade gestacional – convenciona-se utilizar tabela do autor Finkbeiner (2009): peso corporal, perímetros cefálico e torácico, comprimento crânio-podálico, comprimento crânio-sacral, comprimento do pé.

Pelas características externas, é possível ainda realizar estimativa do tempo que o feto permaneceu sem vida dentro do útero, pelo grau de maceração da pele, segundo tabela de Langley (1971, p. 159-169) (Tabela 5.1):

Tabela 5.1 Langley: *The perinatal postmortem examination* (1971)

Grau de maceração	Características	Duração da morte intrauterina
0	Vermelhidão da pele	< 8 horas
I	Início de descolamento da pele	> 8 horas
II	Extenso descolamento da pele, efusões avermelhadas no tórax e no abdome	2 a 7 dias
III	Fígado amarelo-pardacento, efusões turvas, mumificação	≥ 8 dias

Parte-se, posteriormente, para o exame necroscópico interno, que deve buscar malformações, peso dos órgãos e possíveis indicativos da causa de morte. Frequentemente, não é possível verificar causa de morte somente pelo exame do feto, pois doenças maternas podem levar à morte do feto, sem deixar sinais específicos.

5.6 Infanticídio

O infanticídio está incluído no Código Penal entre os Crimes contra pessoa, Capítulo I: Dos crimes contra a vida. É um crime que somente a mulher pode cometer, contra seu próprio filho:

> Art. 123. Matar, sob a influência do estado puerperal, o próprio filho, durante o parto ou logo após:
>
> Pena – detenção, de dois a seis anos.

Bonnet (1983) define esse "estado puerperal" como um transtorno transitório, incompleto, caracterizado por defeituosa atenção, deficiente sensopercepção, escassa memória, tanto de fixação como de evocação e que confunde o objetivo com o subjetivo.

5.6.1 Perícia médica no infanticídio

Os objetivos da perícia médica no infanticídio são determinar a causa jurídica da morte do bebê e o estado psíquico da mulher, além de confirmar o diagnóstico de parto pregresso.

Na perícia da parturiente, atenta-se para seu exame psíquico e para sinais de parto recente, em mamas, palpação de útero e exame ginecológico.

Na perícia do bebê, deve-se determinar que a causa de morte foi ou não violenta, atentar para presença de lesões e determinar se houve vida extrauterina, para distinção com o aborto. Determina-se legalmente que houve vida extrauterina se houver respiração autônoma fora do útero.

5.6.1.1 Determinação de vida extrauterina

Vários autores propuseram diversas docimásias para comprovação de respiração autônoma. A mais conhecida é a docimásia hidrostática de Galeno, e o padrão-ouro, atualmente, é a docimásia histológica de Balthazard.

Na **docimásia de Balthazard**, são coletados fragmentos de pulmão, que são enviados para análise histopatológica, para determinar se houve expansão dos alvéolos. Atualmente, esse é o padrão-ouro e deve ser o método de preferência.

A **docimásia hidrostática de Galeno** consiste no exame necroscópico em quatro fases:

- 1ª fase: retira-se o bloco respiratório, a língua, o timo e o coração e coloca-se em água:
  - □ se o bloco flutuar, a 1ª fase é positiva;
- 2ª fase: separam-se os pulmões das demais vísceras:
  - □ se os pulmões flutuarem, a 2ª fase é positiva;
- 3ª fase: fragmenta-se o tecido pulmonar dentro do frasco:
  - □ se os fragmentos flutuarem, a 3ª fase é positiva;
- 4ª fase: comprimem-se os fragmentos na parede do frasco:
  - □ se saírem bolhas após a compressão, a 4ª fase é positiva.

Uma vez que uma das fases foi positiva, não é necessário prosseguir para as seguintes. No entanto, a única que pode afirmar com certeza que houve respiração autônoma é a primeira fase. A terceira e a quarta podem ser positivas se houver putrefação, pela produção de gases por bactérias na decomposição. Além disso, se houve tentativa de ressuscitação do bebê, com ventilação mecânica, pode haver positividade a partir da segunda fase.

6

Tanatologia forense

A tanatologia é o estudo da morte, derivando de Tânato, deus da mitologia grega que personificava a morte. Na Medicina Legal e Perícias Médicas, é a área que estuda a morte e suas repercussões na esfera jurídico-social.

6.1 Diagnóstico de morte

A morte pode ser definida como a interrupção definitiva da vida, ou seja, só pode se dizer morto algo que já teve vida. Apesar de parecer um conceito fácil, o conceito de morte pode ser problemático. Antigamente, definia-se a morte como a parada cardiorrespiratória definitiva. No entanto, desde a invenção dos meios artificiais para manutenção da respiração, iniciou-se a discussão a respeito da morte cerebral. Atualmente, o diagnóstico de morte continua a ser realizado por parada irreversível da respiração e da circulação, exceto para pessoas em cuidados intensivos. Nesses casos, utilizam-se os critérios de morte encefálica, cujo diagnóstico deve seguir protocolo estabelecido pelo Conselho Federal de Medicina.

6.2 Tipos de morte

- segundo a natureza jurídica:
  - ☐ natural: é aquela cuja causa básica é uma doença ou um estado mórbido;
  - ☐ violenta ou por causa externa: é aquela que decorre de lesão provocada por violência (homicídio, suicídio, acidente) qualquer que tenha sido o tempo entre o evento lesivo e o óbito;
  - ☐ suspeita: é aquela cujas circunstâncias do óbito suscitam razões para se suspeitar que sua causa tenha sido violenta e não natural;
- segundo o processamento:
  - ☐ súbita: é aquela que ocorre inesperadamente;
  - ☐ agônica: é aquela que é previsível e esperada, que culmina na evolução de uma doença ou de um grave estado pós-traumático.

6.3 Cronotanatognose

A cronotanatognose é o estudo e a estimativa do tempo da morte. É importante para questões criminais, para auxiliar na investigação da morte, e para questões sucessórias, no caso de tentar determinar se o filho ou o pai morreu antes, por exemplo.

Para fazer a estimativa do tempo, o legista utiliza os conhecimentos sobre os fenômenos cadavéricos, os processos pelos quais o cadáver passa após a morte. No entanto, o padrão-ouro para determinação do tempo de morte é pela entomologia forense, que não é realizada na rotina dos Institutos Médico-Legais do Brasil. Esse tema será discutido mais adiante neste capítulo.

6.4 Fenômenos cadavéricos abióticos ou avitais

6.4.1 Imediatos

São os fenômenos cadavéricos decorrentes da parada cardiorrespiratória, correspondem aos sinais de presunção de morte. São eles:

- inconsciência;
- insensibilidade;
- imobilidade e atonia muscular (*facies hipocratica*);
- cessação da respiração;
- cessação da circulação.

6.4.2 Consecutivos

São os fenômenos cadavéricos abióticos mais tardios, considerados os sinais de certeza de morte. São eles:

- evaporação tegumentar (desidratação cadavérica):
  - ☐ pode ser observada pela redução do peso, pergaminhamento da pele, ressecamento das mucosas e fenômenos oculares (deposição de poeira no globo ocular em aspecto de tela, perda da tensão do globo ocular, opacificação da córnea e **sinal de Sommer-Larcher** – mancha esclerótica escurecida);
- resfriamento cadavérico (*algor mortis*):
  - ☐ ocorre equilíbrio térmico com o ambiente em cerca de 22 horas em ambiente a 24°C:
    - ● se a morte ocorrer em ambiente com temperatura acima de 37°C, o corpo sofrerá aquecimento;
  - ☐ a velocidade de resfriamento depende da temperatura ambiente, da idade, da posição do corpo, do estado nutricional, da *causa mortis*, das vestimentas, da umidade e do arejamento;

100 Medicina Legal e Perícias Médicas

- □ o resfriamento é lento até três horas após a morte, rápido nas seis horas seguintes e, depois, lento de novo;
- □ fórmula de Rentoul e Smith: esfriamento médio de 1,5°C/hora;
- ■ manchas de hipóstase (*livor mortis*):
  - □ manchas violáceas que se formam pela deposição do sangue nas regiões de declive no cadáver devido à ação da gravidade;
  - □ iniciam-se entre 30 minutos e quatro horas após a morte, atingem o máximo com cerca de 12 horas e persistem até a putrefação;
  - □ ao contrário da equimose, que está infiltrada nas malhas do tecido, a hipóstase desaparece se lavada;
  - □ forma-se também nos órgãos;
- ■ rigidez cadavérica (*rigor mortis*):
  - □ ocorre pela escassez de oxigênio nos tecidos após a morte, levando à ausência do relaxamento muscular;
  - □ inicia nos menores grupamentos musculares, como nos músculos das mãos, e termina nos maiores (nas coxas) – em alguns livros (ex.: FRANÇA, 2017), é descrito como **crânio-caudal: mandíbula → nuca → tronco → membros superiores → membros inferiores;**
  - □ o desaparecimento segue o mesmo trajeto;
  - □ início entre uma e duas horas da morte, máximo após oito horas, desaparece com o início da putrefação pela acidificação.

6.5 Fenômenos cadavéricos transformativos

Os fenômenos cadavéricos transformativos podem ser divididos em destrutivos, nos quais ocorre completa destruição do cadáver, e conservadores, quando se mantêm as características gerais do cadáver.

6.5.1 Destrutivos

- autólise:
  - ☐ destruição das células por suas próprias enzimas;
  - ☐ ocorre primeiro em tecidos ricos em enzimas proteolíticas, como a mucosa gástrica, intestinal e pancreática;
  - ☐ ocorre acidificação do tecido, que pode ser observada com a utilização de papel azul de tornassol nos globos oculares (**sinal de Lecha-Marzo**);
- putrefação:
  - ☐ decomposição fermentativa da matéria pela ação de germes, que se inicia, em geral, pelo intestino (local com grande flora bacteriana);
  - ☐ varia com a idade, a *causa mortis*, a constituição do cadáver, além de temperatura, aeração e umidade ambientais;
  - ☐ dividida didaticamente em quatro períodos, que podem ocorrer simultaneamente:
    - período de coloração:
      - ○ inicia-se pela mancha verde abdominal, geralmente localizada na fossa ilíaca direita (região do ceco, que fica mais próximo da pele);
      - ○ difunde-se por todo o abdome, pelo tórax, pela cabeça e pelos membros;
      - ○ tonalidade esverdeada vai escurecendo até chegar ao verde-enegrecido, dando ao cadáver um tom bastante escuro;
      - ○ aparece entre 18 e 24 horas após a morte em nosso clima e recobre totalmente o cadáver em 7 a 12 dias;
    - período gasoso:
      - ○ ocorre pelos gases da putrefação do interior do corpo;
      - ○ cadáver toma aspecto gigantesco, principalmente a face, os órgãos e os genitais masculinos, e toma posição de lutador, exalando odor intenso;

102 Medicina Legal e Perícias Médicas

- ○ podem se formar flictenas putrefativas, formação de bolhas na pele, que liberam substância escura que torna o cadáver escorregadio;
- ○ pode ser observado o fenômeno da **circulação póstuma de Brouardel** (gases fazem pressão sobre o sangue para a periferia, esboçando na derme o desenho vascular);
- ○ inicia-se a partir do segundo dia após a morte, tem intensidade máxima antes de uma semana e pode durar de uma a três semanas;
- ● período coliquativo:
  - ○ dissolução pútrida do cadáver;
  - ○ o corpo perde sua forma, a epiderme se desprega da derme, as partes moles reduzem de volume pela desintegração progressiva dos tecidos, e o esqueleto fica coberto por uma massa de putrilagem;
  - ○ os gases saem por soluções de continuidade do cadáver;
  - ○ pode durar meses;
  - ○ o cérebro é o primeiro a entrar em coliquativo, ficando cinzento e liquefeito;
- ● período de esqueletização:
  - ○ a ação contínua dos germes, dos insetos e do meio ambiente leva os tecidos ao ressecamento, à redução de volume e à pulverização;
  - ○ ossos soltos (às vezes presos apenas pelos ligamentos articulares);
  - ○ os ossos resistem por maior tempo, tornando-se cada vez mais frágeis e leves, perdendo sua estrutura habitual;
  - ○ pode durar de três a cinco anos, dependendo principalmente da ação do meio;

- maceração:
  - processo especial de transformação do cadáver que ocorre por excesso de umidade ou pelo meio líquido;
  - fenômeno geralmente asséptico, ou seja, sem processo infeccioso concomitante;
  - o corpo perde a consistência e há destacamento de amplos retalhos de tegumentos cutâneos, os ossos se livram dos tecidos, ficando como se estivessem soltos;
  - pode ser datada principalmente nos casos de morte intrauterina, como já mencionado no capítulo Sexologia forense (Tabela 5.1).

6.5.2 Conservadores

- mumificação:
  - pode ser produzida por meio natural ou artificial, necessitando de condições que permitam a desidratação rápida, impedindo a ação bacteriana:
    - pode ocorrer em cadáveres expostos ao ar, se houver ventilação excessiva em regiões de clima quente e seco;
  - cadáver fica com peso reduzido, pele dura, seca, enrugada e de tonalidade enegrecida e cabeça diminuída de volume, com traços fisionômicos conservados;
  - dentes e unhas ficam bem conservados;
- saponificação:
  - transformação do cadáver em substância de consistência untuosa, mole e quebradiça, de tonalidade amarelo--escura, com aparência de cera ou sabão;
  - surge depois de um estágio de putrefação;
  - enzimas bacterianas hidrolisam gorduras neutras, originando ácidos graxos que se transformam em ésteres em contato com elementos minerais de argila.

104 Medicina Legal e Perícias Médicas

O autor França acrescenta mais três fenômenos conservadores nessa classificação:

- calcificação:
  - ocorre geralmente em óbitos fetais intrauterinos;
- corificação:
  - fenômeno muito raro, que ocorre em cadáveres que foram inumados em urnas de zinco hermeticamente fechadas, ocorrendo preservação do corpo pela inibição da decomposição;
  - a pele fica com aspecto de couro curtido recente;
- congelação:
  - cadáver submetido a baixíssima temperatura por tempo prolongado conserva-se integralmente por muito tempo.

6.6 Necropsias especiais

6.6.1 Cadáveres putrefeitos

A determinação da identidade do cadáver e da *causa mortis* fica muito dificultada pelas condições do cadáver. As lesões perdem suas características habituais, pelos processos transformativos, e mesmo as características típicas de doenças, como infarto do miocárdio, se perdem. Para o exame dos cadáveres putrefeitos, as informações do local de encontro são essenciais.

6.6.2 Cadáveres carbonizados

São frequentes em acidentes de avião. O exame interno pode estar preservado; portanto, a necropsia segue o mesmo método dos demais exames necroscópicos. No entanto, esse exame apresenta algumas dificuldades, pois pode haver super-

Tanatologia forense **105**

posição de ações lesivas e desaparecimento total ou parcial de tecidos, sendo a carbonização utilizada em alguns casos de tentativa de ocultamento das lesões.

Como um dos agravantes do crime de homicídio é a morte por fogo, é necessário que se determine se a carbonização ocorreu em vida ou após a morte. Em geral, a ausência de fuligem nas vias aéreas é um indício de carbonização pós-mortal. Como é realizada a perícia:

- é essencial retirar informações de familiares: idade, estatura, sexo, sinais particulares, documentos, exames radiológicos prévios;
- inicia-se com radiografia de corpo inteiro, inclusive arcos dentários, e descreve-se os fragmentos de vestes;
- pode haver preservação das polpas digitais, pois os dedos ficam fletidos na carbonização, o que permite a retirada da impressão digital para identificação:
  - □ as falanges podem estar muito desidratadas para a retirada da digital, mas é possível a reidratação da falange distal com soro fisiológico ou glicerina;
- realiza-se exame toxicológico (álcool, psicotrópicos, monóxido de carbono), histopatologia e DNA.

6.6.3 Cadáveres fragmentados

Os cadáveres fragmentados podem ser classificados pelo tipo de fragmentação:

- esquartejamento: fragmentação do corpo nas articulações (em quartos);
- espostejamento: fragmentação do corpo em postas, não respeita as articulações (ex.: atropelamento).

106 Medicina Legal e Perícias Médicas

Pode haver fragmentação intencional com o objetivo de matar e vilipendiar o cadáver ou com a finalidade de ocultação do cadáver.

O objetivo da perícia, nesses casos, é realizar a identificação, caracterizar o instrumento utilizado (cortante, corto-contundente, contundente), realizar o diagnóstico da causa da morte quando possível e determinar a vitalidade das lesões. Todos os fragmentos devem ser examinados, a fim de determinar se pertencem ao mesmo corpo, e fotografados. Realiza-se exame toxicológico dos restos e colhe-se material para identificação.

6.6.4 Cadáveres esqueletizados

Os objetivos da perícia são a identificação dos restos mortais e o diagnóstico da causa da morte quando possível. Traumas prévios com comprometimento ósseo podem ser observados no exame adequado de todas as estruturas ósseas disponíveis.

6.7 Entomologia forense

A Entomologia é a parte da Zoologia que estuda os insetos, suas características físicas, comportamentais e reprodutivas, além das relações dos insetos com os outros seres.

A entomologia forense tem algumas aplicações:

- entomologia urbana: inclui ações cíveis envolvendo a presença de insetos em imóveis, danificando-os, como cupins;
- entomologia de produtos estocados: contaminação em grande extensão de produtos comerciais estocados, geralmente alimentos;

- entomologia médico-legal:
  - determinação do intervalo pós-morte, feita pelas características morfológicas do cadáver e os padrões de sucessão entre os insetos;
  - ajuda a determinar se houve movimentação de cadáveres (insetos podem botar ovos já em dez minutos);
  - reconstituição da movimentação de veículos;
  - localização de região produtora de drogas com consequente identificação da rede de distribuição;
  - confirmação de hipóteses de maus-tratos a crianças e idosos (miíases);
  - entomotoxicologia: detecção de substâncias tóxicas nas diferentes fases do desenvolvimento de insetos, incluindo pupários e fezes, podendo ajudar na detecção de substâncias presentes no cadáver, como drogas, venenos, medicamentos e metais pesados (inseto se alimentou do cadáver);
  - análise de DNA:
    - DNA da vítima/do agressor: extração de DNA de larvas do trato digestivo, quando se pensa em larvas hematófagas e necrófagas;
    - DNA do próprio inseto: distinção de diferentes espécies, com desenvolvimentos diferentes e de locais diferentes.

6.8 Estimativa do intervalo pós-morte

Com auxílio dos conhecimentos entomológicos, quanto maior for o intervalo, mais segura é a estimativa. O tempo de desenvolvimento dos *Muscidae* (moscas) mostra o mínimo de tempo em que o corpo recebeu atividade dos insetos, pois raramente insetos necrófagos fazem oviposição em pessoas vivas. O mais velho estágio larvar encontrado no cadáver corresponde às primeiras posturas e indicará o tempo mínimo de exposição do cadáver, ou seja, o limite mínimo do IPM (intervalo pós-morte). Portanto, é realizada a coleta do inseto mais velho presente no cadáver: maior larva, pupa ou pupário.

Armazena-se o espécime coletado em frasco com tampa. Caso seja feita coleta de larvas, deve-se colocar alimento apropriado, como carne moída, para que não haja interrupção do desenvolvimento. Se for feita coleta de larvas em fase pré-pupa, pupa ou pupário, não há necessidade de alimento.

O cálculo do IPM é realizado pelo cálculo do tempo em que o inseto demorou para atingir o grau de desenvolvimento observado. Os insetos se tornam adultos não pela idade, mas pela quantidade de calor que eles acumularam; portanto, calcula-se quanto calor eles acumularam do ambiente para o cálculo do tempo retroativamente até o momento em que os ovos foram colocados no cadáver, ou seja, até o tempo de morte. Pela temperatura média dos dias anteriores ao encontro do cadáver, calcula-se quanto calor o inseto acumulou por dia e quantos dias ele precisou para atingir o estágio de desenvolvimento em que foi encontrado.

O cálculo depende de tabelas específicas para os insetos encontrados e dos dados meteorológicos do local de encontro do cadáver. É um cálculo complexo, que não será apresentado por fugir do escopo deste livro.

7

Antropologia forense

A antropologia forense é o ramo da Antropologia que tem como objetivo a identificação do ser humano.

A identificação pode ser definida como estabelecimento de identidade. A identidade, por sua vez, é o conjunto de características que individualizam um ser vivo ou uma coisa, com base no princípio de que não existem duas coisas idênticas no universo.

Em Medicina Legal e Perícia Médica, a identificação de pessoa pode ser realizada em duas situações:

- identificação judiciária: por meio de retrato falado, reconhecimento direto, fotografia ou dactiloscopia;
- identificação médico-legal ou antropológica.

7.1 Identificação médico-legal ou antropológica

Os métodos utilizados na identificação médico-legal são:

- físico: por meio de características anatômicas, antropométricas, osteológicas, odontológicas, piloscópicas etc.;
- funcional: por características funcionais, como escrita ou fala;
- psíquica: por análise psicológica.

Medicina Legal e Perícias Médicas

A antropologia forense é frequentemente requisitada para auxiliar na identificação de restos cadavéricos encontrados sem qualquer forma de identificação. Nesses casos, a perícia deve ser realizada em várias etapas, a fim de determinar:

- espécie: frequentemente recebem-se ossadas de outras espécies;
- sexo: realizado por diversos métodos, que incluem a análise dos ossos do crânio (**Walker**), da pelve (**Klales**), do ilíaco e do fêmur (**Albanese**);
- cor da pele (**Rivet, Cloquet, Jacquart** e **Welcker** por meio de ângulos cranianos);
- idade: realiza-se estimativa da idade por meio da análise do desenvolvimento dentário (**Lamendin**), do comprimento dos ossos longos, das sinostoses cranianas (**Todd e Lyon**), da morfologia da sínfise púbica (**Suchey-Brooks**), das costelas (**Iscan e Loth; Di Gangi**), da fusão dos corpos vertebrais do sacro (**Passalacqua**) e da presença de alterações degenerativas;
- estatura: realizada pela medida dos ossos longos (**Trotter e Gleser**);
- características peculiares, como fraturas, amputações, presença de próteses;
- causa da morte: depende das condições do cadáver e da causa de morte ter deixado marcas visíveis;
- tempo de morte, quando possível.

Caso haja suspeita de que os restos mortais sejam de alguém específico, é possível realizar a identificação por meio de confronto com dados da pessoa fornecidos por familiares e documentos médicos. Utilizam-se fotografias, ficha dentária e ficha biométrica, por exemplo. Os familiares também podem fornecer sangue, saliva e cabelos para confronto genético.

7.2 Identificação judiciária e policial

O processo de determinação da identidade é realizado pela comparação de dois registros feitos do mesmo indivíduo. Os sinais e dados utilizados na identificação, como cor de pele e estatura, são chamados de elementos sinaléticos.

Os métodos de identificação devem se basear em características que distinguem um indivíduo dos demais. As propriedades de um bom método de identificação são:

- unicidade: os elementos devem ser exclusivos de um indivíduo;
- imutabilidade e perenidade: devem permanecer ao longo da vida do indivíduo;
- classificabilidade: o método deve permitir fácil classificação, que possibilite a busca posterior (ex.: fotografia por si só não permitiria classificação);
- praticidade: elementos devem permitir fácil registro e obtenção.

7.2.1 Métodos de classificação

- mutilações, marcas e tatuagens;
- retrato falado;
- fotografia sinalética (frente e perfil);
- sistema antropométrico de Bertillon: primeiro método científico de identificação, utiliza associação de várias medidas do esqueleto, com sinais particulares e impressões digitais;
- sistema datiloscópicos de Vucetich: utiliza as impressões digitais e satisfaz todos os critérios para métodos de identificação.

7.3 Sistema datiloscópico de Vucetich

Princípio da dactiloscopia:

- a polpa dos dedos, a palma das mãos e as plantas dos pés têm linhas e saliência papilares de disposição variável;
- aparecem em torno do sexto mês de vida intrauterina, permanecem durante toda a vida do indivíduo e continuam até algum tempo após a morte, quando são eliminadas na decomposição.

Desenho digital x impressão digital:

- desenho: conjunto de cristas e sulcos existentes nas polpas dos dedos (o que se observa no dedo diretamente);
- impressão: reverso do desenho, ajuntamento de linhas brancas e pretas sobre determinado suporte (a imagem que o dedo deixa nas superfícies).

7.3.1 Classificação

A classificação pelo sistema de Vucetich depende do elemento básico das impressões digitais chamado delta. É um ângulo ou triângulo (semelhante à letra grega delta) formado pelo encontro dos três sistemas de linhas: sistema nuclear, sistema basal e sistema marginal, conforme figura a seguir.

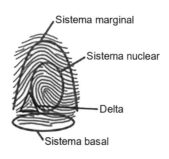

Tipos fundamentais:

- arco: ausência do delta;
- presilha interna: delta à direita do observador;
- presilha externa: delta à esquerda do observador;
- verticilo: presença de dois deltas, um à esquerda e um à direita do observador.

Tipos fundamentais, com triângulo marcando o delta

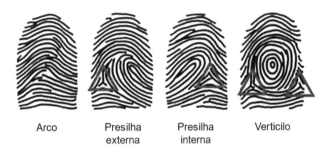

Arco   Presilha   Presilha   Verticilo
        externa   interna

7.3.2 Representação

- a fórmula datiloscópica facilita o arquivamento das fichas. São possíveis 1.024 séries e seções, com 1.048.576 fórmulas datiloscópicas possíveis;
- polegares: representados por letras;
- demais dedos: representados por números.

Forma dactiloscópica (FD):

- sucessão de letras e algarismos que configuram os tipos fundamentais de uma pessoa a partir do polegar direito até o dedo mínimo;
- polegares são representados por letras, e os demais dedos, por números;

- série: mão direita;
- secção: mão esquerda.

$$FD = \frac{\text{(Série)} \quad \text{Fundamental - Divisão}}{\text{(Secção)} \quad \text{Subclassificação - Subdivisão}}$$

Tabela 7.1 Representação dos tipos fundamentais na fórmula datiloscópica

Tipos	Leitura	Número
Verticilo	V	4
Presilha externa	E	3
Presilha interna	I	2
Arco	A	1

Como uma fórmula datiloscópica pode representar várias pessoas, a fórmula é utilizada para a classificação inicial, e a identidade das impressões digitais é realizada por meio do estudo dos pontos característicos.

7.3.3 Pontos característicos

- são os acidentes encontrados nas cristas papilares e constituem os elementos individualizadores de impressão digital;
- a evidenciação de 12 pontos característicos correspondentes em uma impressão digital permite o estabelecimento da identidade de uma pessoa no Brasil.

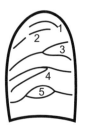

1 – Ilhota
2 – Cortada
3 – Bifurcação
4 – Forquilha
5 – Encerro

8

Criminologia

A Criminologia é a ciência empírica e interdisciplinar que se ocupa do estudo do crime, da pessoa do infrator, da vítima e do controle social do ato delitivo. Seus objetos são o crime, o criminoso, a vítima e o controle social do ato delitivo, seja para repressão ou prevenção. Os objetivos do estudo da Criminologia são determinar os aspectos do crime, sua gênese, dinâmica e variáveis, contemplando-o como um problema individual e social para estabelecer programas de prevenção eficazes e técnicas de intervenção positiva no homem delinquente e nos diversos modelos de resposta ao delito.

8.1 Criminologia clínica

É a parte da criminologia que estuda o homem criminoso, com todos os elementos da estrutura da sua constituição biopsicossomática, personalidade, fatores endógenos e exógenos, com o fim de oferecer o diagnóstico, a classificação do delinquente e o prognóstico de seu tratamento.

8.2 Escolas criminológicas

- escola clássica (1800-1850):

116 Medicina Legal e Perícias Médicas

- ☐ crime associado com pecado, criminoso como ser imoral;
- ☐ pena como uma retribuição prevista na lei;
- ■ escola positiva (1850-1929):
  - ☐ época do Lombroso (torna criminologia uma ciência);
  - ☐ criminoso dependia de fatores internos e externos que o levavam a cometer o crime;
  - ☐ investigar fatores que dão condições de periculosidade;
  - ☐ pena como reação social ao fato criminoso;
- ■ pensamento contemporâneo:
  - ☐ crime como fato normal dentro de uma sociedade → possibilidade de nos colocarmos no lugar do criminoso;
  - ☐ qualquer um pode cometer um crime – independentemente de livre-arbítrio, fatores endógenos e exógenos;
  - ☐ pena como instrumento para reafirmar os valores de uma sociedade.

8.3 Classificações

Classificação natural dos criminosos (MARANHÃO, 2008):

- ■ ocasional: sem transtorno de personalidade, exige forte fator desencadeante para cometer o crime;
- ■ sintomático: transtorno de personalidade eventual ou permanente;
- ■ caracterológico:
  - ☐ antissocial: nasce com defeito de constituição, não sente culpa, não entende valor emocional das palavras, mas entende o valor social – consegue enganar, seduzir os outros;
    - ● não mostra recuperação;
  - ☐ dissocial: evolução dentro da ação/comportamento criminoso – pode ser recuperado.

Classificação etiológica dos criminosos (CARVALHO, 1940, p. 76-85):

- biocriminoso puro: só possui fatores endógenos (problemas mentais graves);
- biocriminoso preponderante: pequena parcela de fatores sociológicos;
- biomesocriminoso: 50/50;
- mesocriminoso preponderante: preponderam fatores sociológicos;
- mesocriminoso puro: somente fatores sociológicos.

Classificação de Lombroso (2007):

- nato;
- louco;
- por paixão;
- de ocasião.

Conduta: é a maneira como se comporta, age, reage e expressa as atitudes no meio social. A conduta retrata a personalidade, é resultado do binômio temperamento e caráter.

Temperamento: resultante da dinâmica de caracteres com que se nasce e que se tem como patrimônio individual genotipicamente organizado.

Caráter: é o resultado do condicionamento imprimido pelos influxos mesológicos.

Personalidade: síntese de todos os elementos que concorrem para a conformação mental de um acesso de modo a comunicar-lhe fisionomia própria.

8.4 Fases do crime

- áurea: excitação, desejo incontrolável;

- cerco: planeja a abordagem para não ter falha no resultado – escolhe o cenário, é inteligente para perceber as reações das vítimas;
- cortejo: maliciosamente atrai a vítima e a seduz, procura agir de forma educada e cortês;
- captura: a vítima é seduzida e dominada, fica evidente para ela que está sob o domínio do autor do crime;
- busca do prazer: processo comum, esquece a dor e concentra-se na busca do prazer, no intervalo de tempo do crime;
- fetiche: fase do troféu, é comum guardar objetos, fotos, filmes que tenham vínculo com a cena do crime;
- loucura: expiação, arrependimento, contrição.

9

Criminalística

No século XIX, cabia à Medicina Legal, além dos exames de lesão corporal e necroscópicos, toda pesquisa, busca e demonstração de outros elementos relacionados ao crime, como o exame de instrumentos do crime e demais evidências extrínsecas ao corpo humano. Com o desenvolvimento de diversas ciências, surge a Criminalística como uma ciência independente.

Hans Gross (1991), considerado o pai da Criminalística, a definia como "o estudo da fenomenologia do crime e os métodos práticos de investigação". Depois, Edmond Locard (1931), considerado o fundador da Criminalística, propôs o conceito da Criminalística como "a disciplina que se ocupa com a investigação e os delitos". O 1º Congresso Nacional de Polícia Técnica, ocorrido em São Paulo no ano de 1947, definiu a Criminalística como "disciplina que tem como objetivo o reconhecimento e a interpretação dos indícios materiais extrínsecas, relativos ao crime ou à identidade do criminoso". É a ciência que se utiliza de observação, análise, interpretação e coleta de indícios encontrados nos locais de crime ou demais elementos relacionados ao crime à luz das diversas áreas da ciência para auxiliar a investigação criminal (GARRIDO; GRAZINOLI; GIONANELLI, 2012).

Na área jurídica, é elemento fundamental na busca da almejada verdade real, essencial para recompor os vestígios materiais deixados pela ação humana, seja ela culposa ou dolosa. Para tanto, a Criminalística analisa a infração penal sem se preocupar com o delinquente ou suas motivações, analisa e interpreta os vestígios relacionados, prova o nexo causal para tipificar o crime, fornece elementos de prova à polícia para instrução do inquérito policial e ao Ministério Público para indicar a ação penal, enquadrar o crime ou solicitar o arquivamento.

9.1 Local de crime

Local de crime é todo espaço, físico ou virtual, onde ocorreu um evento com produção de vestígios, que necessita da polícia para seu esclarecimento. É o ponto de partida da investigação criminal.

Divide-se em:

- local imediato: onde o evento efetivamente se consumou;
- mediado: representa as adjacências do local imediato;
- relacionado: é todo e qualquer lugar sem ligação geográfica direta com o local do crime e que possa conter algum vestígio ou informação que possa auxiliar no contexto do exame pericial.

Procedimentos na cena do crime:

- reconhecimento: extensão do local e proteção da cena;
- processamento do local: procura e coleta das provas.

Classificação dos locais:

- quanto ao espaço físico onde ocorreu o evento: internos ou fechados, abertos e vinculados ou relacionados;
- quanto à natureza do fato: sob o ponto de vista jurídico e técnico;

- quanto à preservação dos vestígios existentes no local:
  - ☐ idôneos ou preservados;
  - ☐ inidôneos e não preservados;
  - ☐ locais prejudicados (aqueles em que os peritos criminais não têm condições de realizar o exame de corpo de delito direto e indireto pelos vestígios terem sido destruídos).

Finalidades dos levantamentos periciais nos locais de crime:

- constatar se houve, ou não, uma infração penal;
- em caso afirmativo, precisar as características desta infração, isto é, qualificá-la;
- colher os elementos que possibilitem a identificação do criminoso e a demonstração de sua culpabilidade;
- perpetuar os indícios materiais colhidos, suscetíveis de serem utilizados como provas (levantamentos técnicos periciais: descritivos, fotográficos, topográficos, papiloscópicas, revelações, decalques, modelagens).

Isolamento e preservação:

- isolamento: ato de impedir o acesso de pessoa não autorizada na cena do crime para garantir a preservação dos vestígios da ação delituosa;
- preservação: é consequência do isolamento;
- importância:
  - ☐ um local de crime inadequadamente isolado e preservado pode comprometer irreversivelmente o local e as evidências;
  - ☐ geralmente, é a única oportunidade de coleta das evidências disponíveis;
- exceções:
  - ☐ socorro à vítima;

- evitar mal maior, como nos casos de acidentes automobilísticos, quando há remoção do veículo da via pública para não prejudicar o tráfego;
- para possibilitar trabalho dos bombeiros no salvamento e extinção do fogo.

9.2 Perícia do local do crime

São partes fundamentais do trabalho pericial no local do crime:

- localizar e identificar o maior número de elementos potencialmente relevantes;
- selecionar métodos apropriados de coleta e acondicionamento;
- preservação da integridade da evidência;
- cadeia de custódia assegurada.

Princípios básicos da perícia:

- observação: **"todo contato deixa uma marca"** (LOCARD, 1931);
- análise: sempre deve ser seguido o método científico;
- interpretação: dois objetos podem ser indistinguíveis, mas nunca idênticos;
- descrição dos elementos sensíveis: o resultado de um exame pericial é constante com relação ao tempo e deve ser exposto em linguagem ética e juridicamente perfeita;
- documentação: toda evidência deve ser documentada, desde seu nascimento no local do crime até a sua análise e descrição final, de forma a se estabelecer um histórico completo e fiel de sua origem.

Heptâmetro de Quintiliano: as sete indagações chamadas clássicas: o que, como, quem, onde, quando, por que, quem.

Vestígios típicos encontrados em locais de crime:

- vestígios deixados por disparos de arma de fogo, resíduos de tinta, vidro quebrado, produtos químicos desconhecidos, drogas;
- impressões digitais patentes e latentes; pegadas; marcas de ferramentas;
- fluidos corporais (sangue, esperma, saliva, vômito);
- cabelos e pelos;
- armas ou evidências de seu uso (facas, revólveres, estojos, cartuchos, projéteis);
- documentos examinados (agendas, diários, bilhetes de suicídio – inclui os eletrônicos).

9.3 Aspectos doutrinários

Principais postulados da criminalística:

- conteúdo de um laudo pericial é invariante com relação ao perito que o produziu, visto que o resultado da perícia é baseado em método científico;
- as conclusões de uma perícia são independentes dos meios utilizados para alcançá-las;
- a perícia criminalística é independente do tempo: principalmente sabendo-se que a verdade é imutável em relação ao tempo decorrido.

Aspectos doutrinários da perícia:

- intercomunicabilidade: havendo contato entre dois objetos, ambos deixam e recebem vestígios, da mesma forma que, se uma pessoa comparece a determinado local, ela ali deixa alguma coisa ao mesmo tempo em que leva algo consigo (**princípio de Locard**: "cada contato deixa um rastro").

- universalidade: toda e qualquer técnica de análise antes de ser aceita como meio de prova, deve ser testada e aprovada pela comunidade científica envolvida no assunto (validação);
- especificidade: traduz a credibilidade para determinada conclusão (uso de um método científico seguro, de certeza);
- sensibilidade: recomenda-se que a conclusão obtida pela sensibilidade de uma reação seja levada em conta somente após uma quantidade acima do normal do elemento que se pesquisa, uma vez que quantidades ínfimas podem ser encontradas rotineiramente;
- individualidade: dois objetos podem ser indistinguíveis, mas nunca idênticos – uma coisa só é idêntica a si mesma:
  - sempre se enquadra em três graus: a identificação genética, a específica e a individual (a ser alcançada pelas perícias);
  - identidade diz respeito às características específicas que individualizam uma pessoa ou coisa.

Vestígio e indício:

- vestígio: tudo aquilo que é encontrado no local do crime, que pode ou não ter relação com o fato:
  - parte deve ser guardada como contraprova para questionamentos futuros;
  - todos os vestígios, em princípio são importantes;
  - classificação dos vestígios com relação aos fatos:
    - vestígios ilusórios: aqueles que parecem estar relacionados com o fato;
    - vestígios forjados: semelhantes aos vestígios ilusórios, mas foram plantados para atrapalhar a investigação;
    - vestígio verdadeiro: aquele após análise cuidadosa, foi comprovado ter relação com o fato;
  - classificação dos vestígios com relação ao autor:

- absolutos: permite estabelecer relação absoluta direta com o autor ou com a vítima;
- relativos: não guardam relação absoluta identificável de pronto com o autor;
- indício/evidência:
  - evidência: vestígio que, após as devidas análises, tem constatada, técnica e cientificamente, sua relação com o fato periciado;
  - indício: expressão utilizada no meio jurídico, que significa cada uma das informações relacionadas com o conjunto probatório.

Corpo de delito:

- é o conjunto de elementos materiais e sensíveis que constituem o delito;
- exame de corpo de delito = perícia;
- divisão:
  - exame de corpo de delito direto: o que se faz sobre o próprio corpo de delito;
  - exame de corpo de delito indireto: é o raciocínio e as experiências dos peritos, baseados nos informes de testemunhas e outros documentos.

9.4 Balística forense

As armas de fogo são máquinas com a finalidade de disparar projéteis por meio da força produzida pela expansão de gases decorrentes da queima de pólvora. São constituídas por mecanismo de queima de pólvora desencadeado, câmara de combustão e um cano.

Classificação das armas de fogo:

- quanto ao porte: fixas (montadas em construções ou navios de guerra), móveis (montadas em carros ou rodas),

semiportáteis (podem ser montadas e desmontadas com facilidade) e portáteis:
- as portáteis podem ser longas (fuzil, carabina, mosquetão, espingarda) ou curtas (pistolas e revólveres);
- quanto à alma (face interna) do cano: lisas ou providas de raias:
  - as raias servem para dar movimento de rotação ao projétil, tornando seu trajeto mais estável;
  - conforme sentido da rotação, podem ser dextrógiras ou sinistrógiras;
- quanto ao calibre.

Componentes da munição:
- projétil:
  - *stopping power* (poder de parada): capacidade que o projétil tem de incapacitar instantaneamente pessoa ou animal;
- estojo;
- carga de pólvora;
- espoleta:
  - contém a mistura iniciadora, que inicia a queima da pólvora;
- bucha (no caso das espingardas).

Balística:
- estuda as armas de fogo e os projéteis com seus movimentos dentro da arma, sua trajetória, os meios que atravessam etc.;
- dividida em:

- ☐ balística interna: dentro da arma;
- ☐ balística externa: a partir de quando se atira;
- ☐ balística terminal: quanto atinge o alvo:
  - ● lesões causadas pelos projéteis;
- ▪ estudo dos projéteis:
  - ☐ pode ser realizada microcomparação entre as pequenas ranhuras do projétil, produzidas pela passagem pelo cano da arma, e os estojos, pela força exercida na espoleta;
  - ☐ quando atingem o alvo, os projéteis ficam com formato de cogumelo e tenta-se reverter o formato para que possa ser realizada comparação.

9.5 Laboratório forense de DNA

Rede integrada de Bancos de Perfis Genéticos (RIBPG). Surgiu da iniciativa conjunta do Ministério da Justiça e das Secretarias de Segurança Pública Estaduais.

- ▪ tem como objetivo propiciar o intercâmbio de perfis genéticos de interesse da Justiça, obtidos em laboratórios de perícia oficial;
- ▪ rede CODIS criada pelo FBI nos EUA;
- ▪ quatro tipos de amostras: cadáveres, restos mortais não identificados, pessoas de identidade desconhecida e referências diretas de pessoas desaparecidas e familiares de pessoas desaparecidas, as quais são confrontadas periodicamente para verificação de eventual vínculo genético entre as mesmas.

9.6 Manchas de sangue

A análise das manchas de sangue pode ajudar a recriar um crime pela maneira como o sangue se comporta. O sangue se comporta como um líquido normal no início, mas, após cerca de 15 minutos, passa a apresentar coagulação.

Identificação dos respingos:

- baixa velocidade: geralmente são o resultado de gotas de sangue pingando, gerando manchas de 4 a 8 mm;
- média velocidade: têm uma força entre 1,5 e 30,5 metros por segundo, e o diâmetro geralmente não é maior do que 4 mm;
- alta velocidade: geralmente são provocados por ferimentos a bala, embora também possam ser causados por outras armas se o agressor aplicar muita força. Eles se movimentam com uma velocidade maior do que 30,5 metros por segundo e geralmente parecem com um borrifo formado por gotas pequenas, com menos de 1 mm de diâmetro.

Morfologia da mancha:

- seu formato varia de acordo com a altura da projeção e o suporte atingido;
- se a queda da gota de sangue for a 90°, o formato é circular; quanto menor o ângulo de impacto com o anteparo, mais alongada a mancha de sangue;
- diferentes morfologias:
  - □ gotas: a projeção do sangue se dá apenas por ação da gravidade:
    - 5 a 10 cm: forma circular;
    - 40 cm: forma estrelada, bordos irregulares;
    - acima de 125 cm: forma estrelada, bordos denteados;
    - acima de 200 cm: gotículas;
  - □ salpicos: a projeção do sangue é feita sob o impulso de uma segunda força e cai por ação da gravidade:
    - havendo vários golpes contra a vítima, os salpicos se multiplicarão e, com os movimentos da vítima e do

instrumento, os salpicos poderão nos indicar a movimentação de ambos;

☐ manchas por escorrimento:
- ● o sangue se apresenta sob a forma de poças, charcos ou filetes decorrentes da grande perda sanguínea e do posicionamento do cadáver (inclinado), depositado por ação da gravidade;
- ● a vítima está imóvel quando da sua formação, e o sangue é proveniente dos ferimentos ou das cavidades naturais;

☐ manchas por contato:
- ● impressões produzidas por mãos ou pés com calçados ensanguentados;

☐ manchas por impregnação:
- ● quando há grande sangramento, peças de vestuário, toalhas, tapetes, panos, cortinas etc. ficam embebidos de sangue;

☐ manchas por limpeza:
- ● são manchas feitas em bordos de objetos ou em tecidos, de formato irregular, e indicam que o criminoso limpou a arma utilizada antes de guardá-la, ou mesmo as mãos.

9.7 Cadeia de custódia

Uma sucessão de eventos concatenados, em que cada um proporciona a viabilidade ao desenvolvimento do seguinte, de forma a proteger a integridade de um vestígio do local de crime ao seu reconhecimento como prova material até o trânsito em julgado do mérito processual.

Devem ser descritos em um registro documental pormenorizado, validando a evidência e permitindo sua rastreabilidade, sendo seu objetivo-fim garantir que a evidência apresentada na corte se revista das mesmas propriedades probatórias que o vestígio coletado no local do crime (DIAS-FILHO, 2009).

Com ela, demonstra-se que foram tomadas todas as precauções para prevenir a falsificação, a perda ou a contaminação da amostra. Corresponde à história cronológica do vestígio, para rastrear sua posse e seu manuseio a partir de seu reconhecimento até o descarte. Tem seu início com a preservação do local do crime e/ou com procedimentos policiais ou periciais nos quais seja detectada a existência de vestígio.

Sequência da cadeia de custódia

1. policiais militares e civis: cuidam da preservação do local, das vítimas, dos suspeitos e das testemunhas;

2. criminalística: levantamento do local do crime, com identificação, coleta, embalamento, proteção e transporte da evidência;

3. medicina legal e laboratórios; exame do cadáver e análise de todos os elementos de prova e armazenagem (contrapericia);

4. autoridade requisitante: recebe o formato de cadeia de custódia.

9.7.1 Etapas da cadeia de custódia

9.7.1.1 Fase externa

A fase externa compreende todos os passos entre a preservação do local de crime, a coleta do vestígio e a chegada do vestígio ao órgão pericial encarregado de processá-lo, compreendendo, portanto:

- preservação do local de crime;
- busca do vestígio;

- reconhecimento do vestígio;
- fixação do vestígio;
- coleta do vestígio;
- acondicionamento do vestígio;
- transporte do vestígio;
- recebimento do vestígio.

9.7.1.2 Fase interna

Todas as etapas entre a entrada do vestígio no órgão pericial até a sua devolução, juntamente com o laudo pericial, ao órgão requisitante da perícia, compreendendo, portanto:

- recepção e conferência do vestígio;
- classificação, guarda e/ou distribuição do vestígio;
- análise pericial propriamente dita;
- guarda e devolução do vestígio de prova;
- guarda de vestígios para contraprova;
- registro da cadeia de custódia.

9.7.1.3 O que deve ser informado

No local:

- o que foi coletado?
- onde foi coletado?
- quando foi coletado?
- quem coletou?
- quem transportou?
- quando foi transportado?

No laboratório:

- onde foi analisado?
- quando foi analisado?
- quem analisou?

Na instituição:

- quem recebeu?
- quando foi recebido?
- em que condição foi recebido?
- onde foi armazenado?

Descarte/destruição:

- quem autorizou a destruição?
- quando autorizou a destruição?
- quem transportou para o local da destruição?
- quando transportou para o local da destruição?
- onde foi destruído?
- quando foi destruído?
- quem destruiu?

9.7.2 Responsabilidade da cadeia de custódia

São responsáveis pela cadeia de custódia: autoridades policiais, civis e militares, peritos oficiais ou qualquer pessoa que contribua para o asseguramento das características originais dos elementos físicos de prova, durante a preservação do local do crime, coleta, acondicionamento, transporte, análises, armazenamento, preservação e disponibilidade final desses elementos, identificando o responsável por cada uma dessas etapas.

10

Genética forense

10.1 Conceitos

- alelo: cada uma das formas alternativas de um gene;
- herança: um alelo é herdado do pai e um, da mãe.

10.2 Projeto Genoma Humano

- 6 bilhões de pares de bases no genoma nuclear;
- 20 mil genes, que correspondem a 2% a 3% (97% do genoma é não codificante);
- aproximadamente 99,9% do genoma humano é comum entre quaisquer indivíduos;
  - 0,1% → polimorfismos (o que muda) → responsáveis pela variabilidade.

10.3 Identificação humana

- realizada por marcadores genéticos: características capazes de detectar diferenças entre os indivíduos;
- para que possam ser utilizados para identificação, os marcadores devem ser perenes, imutáveis e detectados por métodos reprodutíveis;

- possibilitam exclusão de identidade e probabilidade de identidade.

10.4 Quais os desafios para a análise de DNA forense?

- complexidade das amostras;
- vários tipos de amostras/materiais para investigação;
- misturas;
- preservação variada das evidências;
- presença de inibidores da reação de PCR;
- degradação das amostras de DNA.

10.5 Processo

1. Coleta dos materiais:

- Trata da coleta, da conservação e do envio de materiais biológicos para a realização de exames de DNA → cadeia de custódia.
  - ☐ Conjunto de procedimentos que garante a autenticidade desses materiais, desde a coleta até o final da perícia realizada, de modo a emprestar ao laudo pericial resultante credibilidade e robustez suficientes para sua admissão e permanência no elenco probatório.

2. Extração do DNA:

- Material de preferência: sangue.
- A qualidade e o estado de conservação são fundamentais para a análise.

3. Quantificação do DNA:

- Verificar se o DNA extraído encontra-se em quantidade suficiente para o prosseguimento dos testes.

4. Amplificação do DNA:
- PCR (*Polymerase Chain Reaction*).
- Pega-se uma quantidade mínima de DNA e o amplifica.

5. Interpretação e análise comparativa do perfil de DNA das amostras.

6. Desafios de análise:
- Variedades de tipos de amostra;
- misturas de materiais;
- preservação dos materiais;
- degradações das amostras de DNA.

10.6 Investigação de paternidade

A investigação de paternidade é uma importante demanda de conhecimento da genética na área forense, e, portanto, daremos esse enfoque. Apresentamos, a seguir, texto elaborado pela Cartilha de orientação sobre perícias de investigação de vínculo genético, do Instituto de Medicina Social e Criminologia de São Paulo (IMESC), pela sua didática acerca do tema:

> De acordo com a Primeira Lei de Mendel, os dois alelos de um determinado loco gênico são separados durante a formação dos gametas (espermatozoides e óvulos) e, portanto, necessariamente apenas um desses alelos será transmitido do genitor para seu descendente, ou seja, o filho deve herdar sempre um elo de origem paterna e outro de origem materna. Assim, para que uma relação de paternidade/maternidade tenha a possibilidade de ser verdadeira, necessário que haja congruência entre a herança paterna/materna do filho; é o genótipo do(a) suposto(a) pai/mãe em todos os *locos* analisados.

A exclusão de uma paternidade/maternidade é verificada quando o filho questionado não compartilha dos alelos do suposto pai/mãe. Um *loci* não compatível já é um forte indício da exclusão da paternidade/maternidade imputada? A exclusão de uma paternidade/maternidade só é considerada irrefutável quando são encontradas inconsistências em pelo menos três *locos*.

Quando são verificadas menos de três inconsistências entre o perfil genético do(a) suposto(a) pai/mãe e a herança do filho questionado há a possibilidade de que tenham ocorrido mutações genéticas durante a formação dos gametas. Apesar deste ser um evento raro, é possível sua ocorrência. Também é possível que a relação de parentesco testada não seja verdadeira, mas que exista algum grau de parentesco entre os investigados.

Quando há congruência entre a herança paterna/materna do filho e o genótipo do(a) suposto(a) pai/mãe em todos os *locos* analisados, são calculados o Índice de Paternidade Acumulado (IPA) e a Probabilidade de Paternidade (PP) para dar sustentabilidade aos resultados obtidos. Quanto maiores os valores observados, mais forte é a evidência encontrada. Não existe um consenso sobre os índices desejáveis. A AABB (American Association of Blood Banks) sugere que IPA acima de 100 e PP acima de 99% são fortes evidências a favor do vínculo genético testado.

10.6.1 O teste genético de DNA é infalível na comprovação de paternidade?

Assim como qualquer método científico, inúmeros fatores influenciam nos resultados, tanto de armazenamento de material como da técnica utilizada e de quem analisa. **Não há certeza absoluta** – não por acaso, os termos utilizados são *probabilidade* e índice.

10.6.2 Quais os outros métodos?

As provas sanguíneas são meios eficazes e menos onerosos de investigação de paternidade quando comparados ao exame de DNA propriamente dito e discutido anteriormente. Temos como exemplo:

- grupos sanguíneos (ABO):
  - □ são estáveis: uma vez que nasce em certo grupo, assim permanece até morrer. Nem medicamentos, nem agentes físicos os alteram;
  - □ os agrupamentos são feitos por meio de reações de aglutinação, e tais características são hereditárias;
  - □ seguem duas leis:
    - 1ª) Lei de Von Dengern e Hiszfeld: os aglutinógenos A e B não podem aparecer no sangue do filho, a não ser que existam no sangue de pelo menos um dos pais;
    - 2ª) Lei de Bernstein: os indivíduos do grupo AB não podem ter filhos do grupo O; os indivíduos do grupo O não podem ter filhos do grupo AB;
- fatores M e N:
  - □ M e N são aglutinógenos, assim como *A, B e O*;
  - □ seguem também duas leis:
    - 1ª) Os aglutinógenos M e N não podem aparecer no sangue do filho, a não ser que existam no sangue de pelo menos um dos pais;
    - 2ª) Um genitor do tipo M não pode ter filho do tipo N; um genitor do tipo N não pode ter filho do grupo M;
- Rh e rh:
  - □ pais rh negativos só terão filhos rh negativos;
  - □ quando presente → positivos; ausente → negativos;
  - □ exemplos de combinações:
    - 1. Pais: rh × rh;
      - ○ Filhos: rh × rh – rh rh;

- 2. Pais: Rh × rh;
  - Filhos: Rh rh × Rh rh;
- 3. Pais: Rh rh × rh rh;
  - Filhos: Rh rh × Rh rh – rh rh – rh rh;
- haptoglobina:
  - as haptoglobinas são proteínas presentes no sangue que se incorporam à hemoglobina das hemácias destruídas;
  - identificação pelo gel de poliacrilamida → determinação de homozigotos e heterozigotos;
  - três grupos de Smithies:
    - I → 1-1 (Hp 1-1);
    - IIA → 2-1 (Hp 2-1) → o mais incidente;
    - IIB → 2-2 (Hp 2-2);
  - é possível a ausência de haptoglobinas no adulto;
- Grupos P:
  - dificuldade de obtenção no soro;
  - só se exclui a paternidade com certa segurança **quando o suspeito e a mãe não apresentarem qualquer traço do antígeno P1 e o filho o tenha desenvolvido**;
- Sistema HLA:
  - *Human Leucocyte Antigen* → leva esse nome porque os anticorpos produzidos pelo receptor destroem os leucócitos (série de células de defesa);
  - fundamenta-se nas propriedades antigênicas nas superfícies de todas as células **nucleadas** (exceto hemácias) do nosso corpo;
  - **resultado é positivo pela reação antígeno-anticorpo revelada pela destruição de linfócitos**;
  - a hereditariedade desse sistema é autossômica, dominante e monofatorial → é passado para ambos os sexos, não há genes recessivos nem combinação de genes com genótipos e fenótipos intermediários.

11

Perícias cíveis

Há diversas demandas na área cível do Direito que necessitam de avaliação pericial médica e merecem considerações pormenorizadas devido a suas particularidades. Por exemplo:

- indenizações;
- obrigações de fazer;
- avaliação de capacidade civil – interdições e levantamentos de interdição;
- anulação de atos jurídicos;
- entre outras.

Entretanto, não fugindo de nossa conotação objetiva e sintética de abordagem dos principais temas da Medicina Legal e Perícias Médicas, daremos enfoque às demandas de Danos Associados aos Cuidados de Saúde também pela sua correlação em termos técnicos tanto em demandas do Direito Cível como no Penal, além das interdições.

11.1 Danos associados aos cuidados de saúde

O "erro médico" – termo equivocado, pois pressupõe culpa, sendo "Danos Associados aos Cuidados de Saúde" o termo técnico adequado, por analisar a questão de saúde como multidisciplinar – é a conduta profissional inadequada com inobservância técnica que produz **dano** à vida ou à saúde de outrem, sendo caracterizada por imperícia, imprudência ou negligência:

- imperícia: realiza procedimento para o qual não está habilitado;
- imprudência: assume um risco sem respaldo científico, agindo sem a cautela necessária;
- negligência: não oferece os cuidados necessários.

Cabe ressaltar que essas classificações inferem culpa e, portanto, **não são de competência da análise médica pericial**, sendo realizadas por médicos apenas na esfera ética dos conselhos. Faremos, adiante, uma breve descrição sintética da avaliação pericial.

11.2 Considerações relativas ao processo penal

Crime: conduta típica, antijurídica e culpável.

- Deve haver um dano tipificado com nexo de causalidade com a ação ou a omissão do profissional médico.
- O crime pode ser doloso (quando há dolo, intenção) ou culposo (quando não há intenção, há culpa).
- Mais comum: lesão corporal culposa e homicídio culposo.
- As penas podem ser privativas de liberdade, restritivas de direitos ou multa.

No atendimento médico, geralmente, o contrato é verbal, caracterizado pela reciprocidade das obrigações: o paciente paga por um serviço médico. O médico é responsável pelos atos e cuidados prestados.

Pode ter dois tipos de obrigações:

- obrigação de resultado: o médico deverá buscar o resultado que foi estabelecido;
- obrigação de meio: o médico deverá utilizar-se de todos os meios para tentar alcançar um objetivo.

Grande parte das especialidades tem obrigação de meio, mas algumas são vistas como tendo obrigação de resultado (por exemplo, a Medicina Estética). Há resolução do CFM que diz que a cirurgia plástica, como qualquer outra especialidade, não promete resultados, mas as jurisprudências estabelecem como de fim.

11.3 Considerações relativas ao processo cível

Código Civil:

> Art. 186. Aquele que, por ação ou omissão voluntária, negligência ou imprudência, violar direito e causar dano a outrem, ainda que exclusivamente moral, comete ato ilícito.

Também pode ser por dolo ou culpa:

> Art. 927. Aquele que, por ato ilícito (arts. 186 e 187), causar dano a outrem, fica obrigado a repará-lo.
>
> Parágrafo único. Haverá obrigação de reparar o dano, independentemente de culpa, nos casos especificados em lei, ou quando a atividade normalmente desenvolvida pelo autor do dano implicar, por sua natureza, risco para os direitos de outrem.

11.3.1 Responsabilidade

- responsabilidade subjetiva: médico que cometer um ato ilícito será obrigado a indenizar o paciente na esfera civil;
- responsabilidade objetiva: aquele que causar um dano, independentemente de culpa (negligência, imperícia ou imprudência), deverá indenizar a pessoa;
  - ☐ responsabilidade de clínicas e hospitais (Código de Defesa do Consumidor, grifos nossos):

> Art. 14. O fornecedor de serviços responde, **independentemente da existência de culpa**, pela reparação dos danos causados aos consumidores por defeitos relativos à prestação dos serviços, bem como por informações insuficientes ou inadequadas sobre sua fruição e riscos.
>
> § 1º O serviço é defeituoso quando não fornece a segurança que o consumidor dele pode esperar, levando-se em consideração as circunstâncias relevantes, entre as quais:
>
> I – o modo de seu fornecimento;
>
> II – o resultado e os riscos que razoavelmente dele se esperam;
>
> III – a época em que foi fornecido.
>
> § 2º O serviço não é considerado defeituoso pela adoção de novas técnicas.
>
> § 3º O fornecedor de serviços só não será responsabilizado quando provar:
>
> I – que, tendo prestado o serviço, o defeito inexiste;
>
> II – a culpa exclusiva do consumidor ou de terceiro.
>
> § 4º **A responsabilidade pessoal dos profissionais liberais será apurada mediante a verificação de culpa.** (grifos nossos)

11.3.2 Processo

- procura-se estabelecer se houve ou não dano, que pode ser patrimonial ou extrapatrimonial;
- o próximo passo é verificar o nexo de causalidade entre a ação ou a omissão do médico e o dano;
- Udelsmann (2002, p. 172-182): "a essência da culpa está na previsibilidade. Se o resultado desfavorável era previsível e não foi evitado, há culpa".
- os resultados que são imprevisíveis são considerados à luz do Direito como excludentes de culpabilidade:
  - □ caso fortuito: aquele que independe da vontade do homem;
  - □ força maior: é algo necessário, apesar de causar algum dano;
- verificar prejuízo também na redução da capacidade de trabalho (Código Civil):

> Art. 950. Se da ofensa resultar defeito pelo qual o ofendido não possa exercer o seu ofício ou profissão, ou se lhe diminua a capacidade de trabalho, a indenização, além das despesas do tratamento e lucros cessantes até ao fim da convalescença, incluirá pensão correspondente à importância do trabalho para que se inabilitou, ou da depreciação que ele sofreu.
>
> Parágrafo único. O prejudicado, se preferir, poderá exigir que a indenização seja arbitrada e paga de uma só vez.
>
> Art. 951. O disposto nos arts. 948, 949 e 950 aplica-se ainda no caso de indenização devida por aquele que, no exercício de atividade profissional, por negligência, imprudência ou imperícia, causar a morte do paciente, agravar-lhe o mal, causar-lhe lesão, ou inabilitá-lo para o trabalho.

Pressupostos na alegação de "erro médico"

1. Ato profissional médico: ação ou omissão.
2. Dano.
3. Nexo de causalidade: dano-ato profissional.
4. Culpa do profissional: negligência, imprudência ou imperícia (análise do magistrado).

11.4 Avaliação médico-legal

A avaliação pericial de Danos Associados aos Cuidados de Saúde – termo mais adequado e instituído pela Organização Mundial da Saúde (OMS) para o vulgarmente chamado "erro médico" – requer profunda análise da matéria técnica em questão.

É preciso que o médico perito saiba relacionar o conhecimento científico em questão com as demandas dos operadores do Direito, para que respondamos de forma clara e objetiva às dúvidas acerca do caso: se houve ou não adequação da conduta ou omissão do cuidado em saúde naquele periciado.

A formação adequada em Medicina Legal e Perícia Médica é importante, pois, nesse tipo de análise em questão, assim como em outras, o médico perito precisa ter um objetivo: responder de forma clara à autoridade requisitante da perícia primariamente se houve dano e, havendo, se existe nexo de causalidade com a ação ou omissão alegadas pelo requerente. Isso implica rigor científico e raciocínio com base em método propriamente dito, como bem postulou Descartes no século XVII. Ter isso como base resulta na reprodutibilidade do nosso trabalho pericial, e assim deve ser. Não é à toa que, no art. 473 da Lei nº 13.105, de 16 de março de 2015, exige-se que o perito exponha o método utilizado, como já trazido no Capítulo 1 (O que é Medicina Legal e Perícia Médica?).

Portanto, no item "Método", no laudo pericial, deve-se explicar como se chega aos resultados obtidos, conceituando o básico, como a definição de dano citada anteriormente e sobre segurança do paciente – sendo esse um motivo para o termo mais adequado ser o utilizado pela OMS, uma vez que a atenção à saúde de um indivíduo envolve diversos profissionais, e as teorias que envolvem as falhas devem ser pensadas de forma sistêmica, podendo não ser exclusivas do médico.

Além disso, devemos conceituar o nexo de causalidade e como este se estabelece; o estado anterior do periciado e os tipos de danos: temporários, permanentes, estético e psíquico. Nos documentos dispostos nos autos e/ou trazidos no exame pericial, são de grande relevância fichas de atendimento, evoluções, atestados e relatórios médicos, além de exames relativos ao caso em questão.

Da mesma forma, a entrevista com o periciado tem sua importância na construção do raciocínio pericial, destacando informações como datas, quadro clínico alegado e antecedentes pessoais.

Seguindo o método pericial básico, o *expert* precisa conectar as informações disponíveis e fundamentar devidamente sua **discussão** no laudo pericial. Nela, devemos esclarecer as questões técnicas do caso e correlacionar com as demandas, explicando de forma clara e objetiva sobre as doenças em questão, utilizando a literatura médica adequada técnica e cronologicamente ao caso, certamente fazendo a boa prática da Medicina Baseada em Evidências (MBE).

O laudo pericial não deve ter o propósito de ser um tratado sobre a matéria médica em questão, e sim explicar o necessário para o entendimento dos demais envolvidos no processo, que, de forma geral, não são conhecedores de nossa área técnica. É preciso que, de forma clara, discutamos se há ou não dano, afinal esse é o pressuposto para responsabilização civil, e, havendo, expliquemos qual(is) tipo(s) de dano(s) ocorreu(ram).

Se houve dano, é preciso que haja nexo de causalidade com a ação ou omissão do atendimento em saúde, e isso precisa ser pormenorizado e muito bem discutido, determinando em que momento houve uma falha na sistematização do atendimento, afinal isso é determinante para a responsabilização do requerido.

Para tal, é preciso que se explique também se os desfechos encontrados no caso em tela têm previsibilidade e/ou evitabilidade, uma vez que, dessa forma, conseguimos estabelecer um raciocínio lógico sobre a conduta ter sido adequada ou inadequada, sendo inclusive esses os termos corretos para que tratemos de forma técnica a matéria em questão, não devendo o perito ultrapassar **os limites de sua designação**, como também descrito na legislação citada anteriormente.

Dessa forma, deve-se estabelecer sua conclusão no laudo pericial, sumarizando os achados previamente discutidos de forma objetiva e, assim, respondendo aos quesitos formulados de forma coesa e completa, remetendo a sua **discussão** quando necessário, pois lá devem estar explicados todos os questionamentos formulados.

11.5 Capacidade civil

Trata-se de uma **avaliação atual, e não à época dos fatos**, como bem descreve Palomba (2003) em seu tratado no que tange às interdições – diferindo, portanto, da questão de imputabilidade penal, a qual destrincharemos no Capítulo 14 (Psiquiatria forense). Transtornos mentais graves, tais como doenças neurodegenerativas, desenvolvimento mental incompleto moderado e grave, toxicomanias graves e psicoses de forma geral tendem, em sua maioria, a comprometer de forma significativa os atos da vida civil. O médico perito deve ter em mente que um bom exame psíquico e os conhecimentos e a aplicação da Classificação Internacional de Funcionalidade (CIF) são fundamentais para tornar mais objetiva a análise pericial e, portanto, deve estabelecer os limites da capacidade do indivíduo, como, por exemplo, ter condições cognitivas de lidar com pequenas quantias de dinheiro quando possível.

A questão prognóstica também é fundamental nesta análise, tanto para interdição como para o levantamento de interdição – total ou relativa. Não são raros os quadros neuropsiquiátricos – por exemplo, traumatismos cranioencefálicos, tumores cerebrais, entre outros – que apresentam melhora e permitem que o indivíduo restabeleça condições de exercer atos da vida civil. O *expert*, portanto, deve avaliar:

- atividades que o(a) periciado(a) exerce diariamente e socialmente – também contextualizando a funcionalidade citada anteriormente;
- intercorrências psiquiátricas;
- juízo crítico sobre a doença que apresenta;
- prognóstico;
- dosagem de medicações;
- evolução e acompanhamento (por isso, bons relatórios dos médicos assistentes contemplando esses aspectos são fundamentais na análise pericial).

12

Perícia trabalhista

Na esfera trabalhista, as ações nas quais o médico perito pode ser requisitado geralmente envolvem a indenização do trabalhador por ter adquirido doença relacionada ao trabalho ou o pedido de reintegração ao trabalho pelo mesmo motivo. Para essas perícias, o perito tem, essencialmente, três objetivos:

- determinar a existência da doença ou acidente alegado;
- determinar se há nexo causal da doença/do acidente com o trabalho;
- determinar se há redução da capacidade para o trabalho.

Além desses, também deve avaliar outros possíveis danos a depender do caso, como redução da capacidade física, dano estético, dano psíquico.

Para o estabelecimento do nexo com o trabalho, o Conselho Federal de Medicina publicou a Resolução nº 1.488/1998, que guia o trabalho do médico perito:

> [...]
>
> Art. 2º Para o estabelecimento do nexo causal entre os transtornos de saúde e as atividades do trabalhador, além do exame clínico (físico e mental) e os exames complementares, quando necessários, deve o médico considerar:

I – a história clínica e ocupacional, decisiva em qualquer diagnóstico e/ou investigação de nexo causal;

II – o estudo do local de trabalho;

III – o estudo da organização do trabalho;

IV – os dados epidemiológicos;

V – a literatura atualizada;

VI – a ocorrência de quadro clínico ou subclínico em trabalhador exposto a condições agressivas;

VII – a identificação de riscos físicos, químicos, biológicos, mecânicos, estressantes e outros;

VIII – o depoimento e a experiência dos trabalhadores;

IX – os conhecimentos e as práticas de outras disciplinas e de seus profissionais, sejam ou não da área da saúde.

Cabe também apresentar trechos da Lei nº 8.213/1991 (grifos nossos), que dispõe sobre os Planos de Benefícios da Previdência Social, principalmente no que diz respeito à caracterização de acidente e doença do trabalho:

Art. 19. Acidente do trabalho é o que ocorre pelo exercício do trabalho a serviço de empresa ou de empregador doméstico ou pelo exercício do trabalho dos segurados referidos no inciso VII do art. 11 desta Lei, provocando lesão corporal ou perturbação funcional que cause a morte ou a perda ou redução, permanente ou temporária, da capacidade para o trabalho.

[...]

Art. 20. Consideram-se acidente do trabalho, nos termos do artigo anterior, as seguintes entidades mórbidas:

I – **doença profissional**, assim entendida a produzida ou desencadeada pelo exercício do trabalho peculiar a determinada atividade e constante da respectiva relação elaborada pelo Ministério do Trabalho e da Previdência Social;

II – **doença do trabalho**, assim entendida a adquirida ou desencadeada em função de condições especiais em que o trabalho é realizado e com ele se relacione diretamente, constante da relação mencionada no inciso I.

§ 1º **Não são consideradas como doença do trabalho**:

a) a doença degenerativa;

b) a inerente a grupo etário;

c) a que não produza incapacidade laborativa;

d) a doença endêmica adquirida por segurado habitante de região em que ela se desenvolva, salvo comprovação de que é resultante de exposição ou contato direto determinado pela natureza do trabalho.

§ 2º Em caso excepcional, constatando-se que a doença não incluída na relação prevista nos incisos I e II deste artigo resultou das condições especiais em que o trabalho é executado e com ele se relaciona diretamente, a Previdência Social deve considerá-la acidente do trabalho.

Art. 21. **Equiparam-se também ao acidente do trabalho**, para efeitos desta Lei:

I – o acidente ligado ao trabalho que, embora não tenha sido a causa única, haja contribuído diretamente para a morte do segurado, para redução ou perda da sua capacidade para o trabalho, ou produzido lesão que exija atenção médica para a sua recuperação;

II – o acidente sofrido pelo segurado no local e no horário do trabalho, em consequência de:

a) ato de agressão, sabotagem ou terrorismo praticado por terceiro ou companheiro de trabalho;

b) ofensa física intencional, inclusive de terceiro, por motivo de disputa relacionada ao trabalho;

c) ato de imprudência, de negligência ou de imperícia de terceiro ou de companheiro de trabalho;

d) ato de pessoa privada do uso da razão;

e) desabamento, inundação, incêndio e outros casos fortuitos ou decorrentes de força maior;

III – a doença proveniente de contaminação acidental do empregado no exercício de sua atividade;

IV – o acidente sofrido pelo segurado ainda que fora do local e horário de trabalho:

a) na execução de ordem ou na realização de serviço sob a autoridade da empresa;

b) na prestação espontânea de qualquer serviço à empresa para lhe evitar prejuízo ou proporcionar proveito;

c) em viagem a serviço da empresa, inclusive para estudo quando financiada por esta dentro de seus planos para melhor capacitação da mão de obra, independentemente do meio de locomoção utilizado, inclusive veículo de propriedade do segurado;

d) no percurso da residência para o local de trabalho ou deste para aquela, qualquer que seja o meio de locomoção, inclusive veículo de propriedade do segurado.

§ 1º Nos períodos destinados a refeição ou descanso, ou por ocasião da satisfação de outras necessidades fisiológicas, no local do trabalho ou durante este, o empregado é considerado no exercício do trabalho.

§ 2º Não é considerada agravação ou complicação de acidente do trabalho a lesão que, resultante de acidente de outra origem, se associe ou se superponha às consequências do anterior. (grifos nossos)

12.1 Avaliação médico-pericial

1. Identificação de lesão/doença/enfermidade:
- exame físico;
- documentos médicos;
- exames complementares.

2. Comprovação de incapacidade:
- para o trabalho que o periciado faz;
- avaliação da incapacidade: relação de equilíbrio entre as exigências de uma dada ocupação e a capacidade para realizá-las:
  - quanto ao grau: parcial ou total;
  - quanto à duração: temporária ou permanente:
  - quanto à profissão:
    - uniprofissional: incapacidade para a atividade específica;
    - multiprofissional: abrange diversas atividades profissionais;
    - omniprofissional: abrange toda e qualquer atividade laboral.
- Obs.: apesar de muito utilizada, a tabela da Susep não é ferramenta adequada para quantificação da capacidade, pelo próprio objetivo ao qual se destina – a tabela da Susep quantifica prêmio e não tem necessariamente correlação com incapacidade!

3. Constatação de nexo com o trabalho:
- vincular a lesão ao próprio acidente ou atividade desempenhada pelo trabalhador.

Para complementar a avaliação pericial, pode ser necessária a vistoria do local de trabalho. O perito agenda a data e a hora para a vistoria, que conta com a presença de responsáveis da empresa, o periciando e eventuais assistentes técnicos.

Seleciona-se um funcionário do mesmo setor para demonstrar as atividades que o periciando realizava. Observam-se:

- presença de quadro clínico ou subclínico no trabalhador exposto;
- identificação de riscos;
- existência de programas de promoção da saúde;
- ritmo de trabalho, se há pausas, rodízio de atividades;
- depoimento e experiência dos trabalhadores;
- conhecimento de outras disciplinas e de seus profissionais (engenheiro, fonoaudiólogo etc.).

O relatório da vistoria é apresentado com o laudo, na parte de Descrição.

12.1.1 Vistorias com foco em ergonomia

- conceitos da Norma Regulamentadora 17;
- verificar a postura exigida pelas tarefas do rol de atividade e a implantação de medidas preventivas e corretivas;
- verificar a indicação de EPIs e seu uso efetivo/fiscalização;
- observação das queixas reportadas pelo reclamante e as condições do trabalho;
- constatação de presença e participação de programas de qualidade de vida;
- constatação de treinamentos e capacitação;
- uso de instrumentos, ferramentas e maquinários;
- atividades que necessitem de carregamento de peso e posturas inadequadas.

12.1.2 Vistorias com foco em insalubridade e periculosidade

- conceitos:
  - insalubre é tudo aquilo que origina doença:
    - agentes insalubres:

- físicos: ruído, calor, pressão, radiações ionizantes e não ionizantes, frio, vibração e umidade;
- químicos: poeira, gases e vapores, névoas e fumos;
- biológicos: fungos, vírus, bactérias, parasitas e outros micro-organismos;
  - perigo é a condição de um risco de morte imediata fora de controle;
- situações de insalubridade e periculosidade previstas em lei:
  - arts. 189, 190 e 193 da CLT;
  - Portaria nº 3.214/1978 do MTE e Normas Regulamentadoras 15 e 16:
    - NR 15: insalubridade;
    - NR 16: periculosidade;
- Quem pode ser perito?
  - CLT, art. 195: a caracterização e a classificação de insalubridade e periculosidade far-se-ão por meio de perícia a cargo de **médico do trabalho** ou **engenheiro do trabalho**, registrados no Ministério do Trabalho;
- laudo da perícia de insalubridade ou periculosidade:
  - embasamento legal;
  - embasamento técnico;
  - se havia situações de insalubridade previstas na lei;
  - por qual período elas ocorreram;
  - no caso de EPIs, se os EPIs fornecidos eram os mais adequados aos riscos constatados, se o reclamante foi treinado para o seu uso, se os usava, se a empresa os fornecia e trocava quando necessário e se ele era fiscalizado pelo uso e/ou punido pelo não uso;
  - conclusão:
  - embasar tática e tecnicamente a conclusão;
  - dizer se existe ou não situação de insalubridade contemplada na lei:
    - se existe: por qual agente? Durante quanto tempo? Qual o grau?

13

Perícia previdenciária

As perícias médicas previdenciárias, realizadas por peritos do Instituto Nacional do Seguro Social (INSS), têm como objetivo atender às demandas:

- de aposentadoria por incapacidade permanente;
- de auxílio por incapacidade temporária;
- de auxílio-acidente (B94);
- de benefícios sociais (Amparo Assistencial a Pessoa com Deficiência);
- de indenizatórios;
- de reabilitação profissional.

O perito previdenciário deve avaliar a capacidade para o trabalho habitual ou outros e, em alguns casos, o nexo da incapacidade com o trabalho. Caso haja incapacidade permanente para a função exercida, o perito também pode encaminhar o trabalhador ao programa de reabilitação profissional, com o objetivo de capacitar o trabalhador para outra função, que seja compatível com suas limitações.

Para realizar a perícia, o *expert* associa o exame pericial aos documentos médicos apresentados, que comprovem a existência da doença ou lesão alegadas e suas repercussões na capacidade laborativa.

13.1 Documentos médicos

A seguir, trazemos resoluções do Conselho Federal de Medicina (CFM) de extrema importância na rotina médica assistencial e que implica diretamente perícia médica previdenciária. O conhecimento desta e de outras resoluções são de responsabilidade das cátedras de Medicina Legal e Perícias Médicas nas escolas médicas, e a negligência para com esses conhecimentos – seja por carga horária restrita dessa disciplina, seja por desconhecimento da importância do ensino desses temas – leva a um prejuízo no sistema previdenciário, uma vez que relatórios médicos insuficientes de informações para as perícias dificultam sobremaneira a avaliação – por conseguinte, o litígio frente a esses casos aumenta e sobrecarrega o sistema judiciário.

13.1.1 Resolução CFM nº 1.658/2002

Art. 2º Ao fornecer o atestado, deverá o médico registrar em ficha própria e/ou prontuário médico os dados dos exames e tratamentos realizados, de maneira que possa atender às pesquisas de informações dos médicos peritos das empresas ou dos órgãos públicos da Previdência Social e da Justiça.

Art. 3º Na elaboração do **atestado médico**, o médico assistente observará os seguintes procedimentos:

I – especificar o tempo concedido de dispensa à atividade, necessário para a recuperação do paciente;

II – estabelecer o diagnóstico, quando expressamente autorizado pelo paciente;

III – registrar os dados de maneira legível;

IV – identificar-se como emissor, mediante assinatura e carimbo ou número de registro no Conselho Regional de Medicina.

Parágrafo único. Quando o atestado for solicitado pelo paciente ou seu representante legal para fins de perícia médica deverá observar:

I – o diagnóstico;

II – os resultados dos exames complementares;

III – a conduta terapêutica;

IV – o prognóstico;

V – as consequências à saúde do paciente;

VI – o provável tempo de repouso estimado necessário para a sua recuperação, que complementará o parecer fundamentado do médico perito, a quem cabe legalmente a decisão do benefício previdenciário, tais como: aposentadoria, invalidez definitiva, readaptação;

VII – registrar os dados de maneira legível;

VIII – identificar-se como emissor, mediante assinatura e carimbo ou número de registro no Conselho Regional de Medicina (grifo nosso).

13.1.2 Hierarquia dos atestados (Lei nº 605/1949):

Art. 6º Não será devida a remuneração quando, sem motivo justificado, o empregado não tiver trabalhado durante toda a semana anterior, cumprindo integralmente o seu horário de trabalho.

[...]

§ 2º A doença será comprovada mediante atestado de médico da instituição da previdência social a que estiver filiado o empregado, e, na falta deste e sucessivamente, de médico do Serviço Social do Comércio ou da Indústria; de médico da empresa ou por ela designado; de médico a serviço de representação federal, estadual ou municipal incumbido de assuntos de higiene ou de saúde pública; ou não existindo estes, na localidade em que trabalhar, de médico de sua escolha.

Vemos, portanto, que há, sim, uma hierarquia de atestados médicos, sendo a decisão pericial previdenciária a de maior peso, afinal, é o único médico com competência técnica para avaliação de **capacidade** laborativa. O médico do trabalho vem em seguida, com sua competência de avaliação de **aptidão** ao trabalho, pois é quem conhece de fato o posto de trabalho do indivíduo em questão e tem a prerrogativa de questionar atestados de médicos assistentes.

13.2 Tipos de nexo com o trabalho

- nexo individual:
  - □ geralmente há emissão da CAT, que pode ser emitida pela empresa, pelo sindicato ou pelo médico particular;
  - □ a empresa pode entrar com recurso;
- nexo profissional:
  - □ Listas A e B, Anexo II, Decreto n° 3.048/1999: agentes patogênicos, em quais atividades eles estão presentes e lista de doenças causadas por eles;
  - □ se houver a doença e o risco no trabalho, estabelece-se o nexo;
  - □ não existe recurso, não pode recorrer;
- Nexo Técnico Epidemiológico Previdenciário (NTEP):
  - □ Lista C, Anexo II, Decreto n° 3.048/1999;
  - □ estabelecido com dois parâmetros em 2004 e 2005:
    - ● relacionou todas as empresas e seus afastamentos de 2004 a 2006, juntou as CNAEs das empresas e fez uma matriz com as CIDs;

- trabalhadores afastados pelos CIDs relacionados à CNAE da empresa são automaticamente classificados como doença do trabalho;
- pode ser contestado.

13.3 Perícias no INSS

É uma perícia administrativa, para a qual não é requerido processo judicial. O perito deve observar, além das leis, as normativas internas do INSS. É realizado diagnóstico clínico e funcional da incapacidade por anamnese e exame físico. Também se estabelece existência de nexo, se for o caso.

Benefícios que requerem perícia médica:

- auxílio por incapacidade temporária: é um benefício por incapacidade devido ao segurado que comprove, em perícia médica, estar **temporariamente incapaz** para o trabalho em decorrência de doença ou acidente;
  - □ requisitos:
    - cumprir **carência** de 12 contribuições mensais – a perícia médica do INSS avaliará a isenção de carência para doenças previstas na **Portaria Interministerial MPAS/MS n° 2998/2001, doenças profissionais, acidentes de trabalho e acidentes de qualquer natureza ou causa**;
    - possuir **qualidade de segurado** (caso tenha perdido, deverá cumprir metade da carência de 12 meses a partir da nova filiação à Previdência Social – Lei n° 13.457/2017);
    - comprovar, em perícia médica, doença/acidente que o torne temporariamente incapaz para o seu trabalho;
    - para o empregado em empresa: estar afastado do trabalho por mais de 15 dias (corridos ou intercalados dentro do prazo de 60 dias se pela mesma doença);

- requisito médico: incapacidade:
  - periciando deve comprovar incapacidade: daí a importância da documentação médica;
  - **incapacidade ≠ doença:**
    - **capacidade** é a habilidade que o indivíduo possui de realizar seu trabalho até o limite, ou seja, até onde é possível que essa pessoa execute a tarefa fisiologicamente. Isso certamente tem relação com sua condição física de fato e biodinâmica, envolvendo musculatura, estrutura óssea, biotipo, idade e condicionamento, por exemplo. Tal análise necessita que se conheça a atividade exercida e se analise de fato a condição de saúde do indivíduo em questão fazendo tal correlação. Por isso, tal avaliação é única e exclusivamente de competência do médico perito, como consta inclusive nas normativas éticas em nosso país;
  - DID: **D**ata de **I**nício da **D**oença:
    - pode ser utilizada data relatada, se for compatível com história e evolução da doença;
  - DII: **D**ata de **I**nício de **I**ncapacidade:
    - fixar com base em documento médico;
  - DCB: **D**ata de **C**essação de **B**enefício:
    - ao fim da incapacidade, o trabalhador deve retornar ao trabalho, mesmo antes da data da perícia.
- auxílio-doença acidentário:
  - mesmas características do auxílio por incapacidade temporária, mas deve haver nexo entre a doença ou a lesão e o trabalho;
  - não necessita carência;
- auxílio-acidente;
  - requisitos:
    - ter qualidade de segurado;

- ter sofrido acidente de qualquer natureza;
- redução parcial e permanente da capacidade para o trabalho;
- nexo entre a redução da capacidade laboral e o acidente;
- independe de carência;
- aposentadoria por incapacidade permanente:
  - ☐ como o auxílio por incapacidade temporária, mas o perito deve verificar incapacidade permanente para o trabalho;
- Amparo Assistencial a Pessoa com Deficiência (social):
  - ☐ renda *per capita* familiar inferior a um salário mínimo;
  - ☐ incapacidade permanente para o trabalho;
  - ☐ incapacidade para as atividades de vida independente: alimentação, cuidados de higiene, mobilidade, comunicação (não precisa ter todas);
- aposentadoria especial (para o trabalhador que exerce suas atividades laborais exposto a agentes nocivos, que podem causar algum prejuízo à sua saúde e à sua integridade física ao longo do tempo).

13.4 Reabilitação profissional

É a assistência educativa ou reeducativa e de adaptação ou readaptação profissional, visando proporcionar aos beneficiários incapacitados parciais ou totalmente para o trabalho, em caráter obrigatório, independentemente de carência, e às PCD os meios indicados para o reingresso no mercado de trabalho e no contexto em que vivem.

- Reabilitação profissional tem caráter compulsório. Se o profissional se recusar a participar da reabilitação recomendada pela perícia, ele pode ser dispensado;

Medicina Legal e Perícias Médicas

- a previdência tem a obrigação de oferecer os meios indicados para o reingresso no mercado de trabalho, mas não o emprego de fato;
- uma vez reabilitado, o trabalhador é equiparado a pessoa com deficiência na questão de preenchimento de vagas;
- não confundir com reabilitação física!

Habilitação:

- ação de capacitação do indivíduo para o desenvolvimento de atividades laborativas, observando as aptidões, interesses e experiências.

Readaptação profissional:

- procura tornar o indivíduo apto a retornar às atividades profissionais, proporcionando os meios de adaptação à(s) função(ões) compatível(eis) com suas limitações;
- leva em conta as aptidões, os interesses e as experiências dos indivíduos.

13.4.1 Lei nº 8.213/1991

Art. 89. A habilitação e a reabilitação profissional e social deverão proporcionar ao beneficiário incapacitado parcial ou totalmente para o trabalho, e às pessoas portadoras de deficiência, os meios para a (re)educação e de (re)adaptação profissional e social indicados para participar do mercado de trabalho e do contexto em que vive.

Parágrafo único. A reabilitação profissional compreende:

a) o fornecimento de aparelho de prótese, órtese e instrumentos de auxílio para locomoção quando a perda ou redução da capacidade funcional puder ser atenuada por seu uso e dos equipamentos necessários à habilitação e reabilitação social e profissional;

b) a reparação ou a substituição dos aparelhos mencionados no inciso anterior, desgastados pelo uso normal ou por ocorrência estranha à vontade do beneficiário;

c) o transporte do acidentado do trabalho, quando necessário.

Art. 90. A prestação de que trata o artigo anterior é devida em caráter obrigatório aos segurados, inclusive aposentados e, na medida das possibilidades do órgão da Previdência Social, aos seus dependentes.

Art. 91. Será concedido, no caso de habilitação e reabilitação profissional, auxílio para tratamento ou exame fora do domicílio do beneficiário, conforme dispuser o Regulamento.

Art. 92. Concluído o processo de habilitação ou reabilitação social e profissional, a Previdência Social emitirá certificado individual, indicando as atividades que poderão ser exercidas pelo beneficiário, nada impedindo que este exerça outra atividade para a qual se capacitar.

Quando o perito previdenciário deve encaminhar o periciando para a reabilitação profissional:

- segurados com **incapacidade total e permanente para a sua função**, mas que sejam susceptíveis de desempenho de outras funções ou atividades que lhes garantam subsistência;
- o mais rápido possível, desde que a doença esteja estabilizada.

Critérios:

- profissões de alto nível de qualificação não costumam permitir reabilitação (pela lei, a reabilitação deve manter pelo menos o mesmo nível de rendimento);
- em geral, idades mais avançadas (teoricamente, mais de 50 anos) apresentam maior dificuldade de reinserção no mercado de trabalho.

14

Psiquiatria forense

A psiquiatria forense é uma subespecialidade da Psiquiatria, apresentando também programas de residência médica e cursos de especialização para a sua devida formação técnico-científica. O médico perito por definição (que possui formação e, portanto, é especialista) tem treinamento inclusive em perícias psiquiátricas. Algumas demandas que envolvem o conhecimento dessa outra especialidade médica são complexas, e a atuação do psiquiatra forense para realizá-las é recomendável.

Essas demandas complexas envolvem especialmente o Código Penal, ao qual daremos enfoque neste capítulo, deixando claro que, assim como na Medicina Legal e Perícia Médica, em cada área do Direito temos necessidades de conhecimento psiquiátrico. Isso se deve ao componente histórico da psiquiatria forense, que surgiu da Medicina Legal com Paulo Zacchia e sua obra *Quaestionum médico-legalium*, de 1737, sendo considerado, portanto o "pai da psiquiatria forense".

14.1 Imputabilidade penal

14.1.1 Código Penal, Capítulo III

Art. 26

É isento de pena o agente que, por doença mental ou desenvolvimento mental incompleto ou retardado, era, **ao tempo da ação ou da omissão**, inteiramente incapaz de entender o caráter ilícito do fato ou de **determinar-se** de acordo com esse entendimento.

Redução de pena

Parágrafo único – A pena pode ser reduzida de um a dois terços, se o agente, em virtude de perturbação de saúde mental ou por desenvolvimento mental incompleto ou retardado, não era inteiramente **capaz de entender** o caráter ilícito do fato ou de determinar-se de acordo com esse entendimento. (grifos nossos)

Tendo em vista nossa legislação, esse artigo do nosso Código Penal expressa de forma clara uma necessidade de conhecimento médico, mais especificamente da psiquiatria, para auxílio da Justiça. A capacidade de entender implica resposta para as seguintes perguntas:

- Conhece as consequências do ato praticado?
- Conhece as penalidades?
- Compreende a natureza do ato?

Existem, certamente, condições psiquiátricas que interferem nessa capacidade, e aí o *expert* deve avaliar se o caso se enquadra nessa situação.

14.1.2 E a capacidade de se determinar?

A capacidade de se determinar refere-se à chamada **volição**, ou seja: "O periciado apresentava discernimento para decidir realizar ou não o ato criminoso?".

14.2 Adequando os termos da norma

A redação do nosso Código Penal é antiga, e devemos fazer considerações acerca dos termos utilizados na norma e na medicina atualmente:

- desenvolvimento mental incompleto:
  - □ leve → **debilidade mental**;
  - □ moderado → **imbecilidade**;
  - □ grave → **idiotia**;
  - □ profundo → **idiotia**;
- doença mental:
  - □ perda de entendimento ou autocontrole;
- perturbação mental:
  - □ formas menos graves, benignas.

Portanto, segundo Daniel Barros (2015):

> Quando o indivíduo for considerado totalmente incapaz de entender ou de autodeterminar-se em relação ao ato ilícito, será considerado **inimputável**. [...] aqueles julgados parcialmente capazes de entender ou de se autodeterminar em relação ao ato ilícito serão considerados semi-imputáveis. (grifo nosso)

Se o indivíduo é capaz de se autodeterminar ou entender o ato ilícito, **será imputável**, mesmo que apresente doença mental, e isso deve ser bem explicado no laudo pericial, pois gera dúvidas aos operadores do Direito.

14.3 O que se aplica aos inimputáveis?

Medida de segurança, de acordo com os arts. 96 e 97 do Código Penal, sendo, portanto, uma medida de tratamento psiquiátrico ambulatorial ou de internação para esses indivíduos.

14.4 Quais os tipos de exames?

- Insanidade mental;
- verificação de dependência toxicológica;
- verificação de cessação de periculosidade.

14.4.1 Insanidade mental

14.4.1.1 Quem solicita este exame?

- Magistrado;
- Ministério Público;
- Defesa.

14.4.1.2 Qual o desafio pericial?

Estabelecimento de nexo causal do ato delitivo com o alegado transtorno mental à época dos fatos. Trata-se de um desafio, pois muitas vezes se dispõe de poucos elementos objetivos para tal, como documentos médicos comprovando acompanhamento ou mesmo diagnóstico de transtorno mental. Ainda que tais documentos estejam disponíveis, é preciso haver compatibilidade do caráter do ato delitivo com o transtorno alegado, estabelecendo-se, assim, o nexo de causalidade com método médico-legal, além de concluir com segurança inimputabilidade ou imputabilidade. Vale ressaltar que esse exame é importante também na avaliação de casos de alegada violência sexual, qualificando a vítima como vulnerável ou não (art. 217-A do Código Penal).

14.4.1.3 E quando o réu, já cumprindo pena, apresenta quadro de transtorno mental?

Trata-se da chamada **superveniência** de doença mental, descrita no art. 152 do Código de Processo Penal, e, portanto, não há discussão acerca da imputabilidade, mas sim houve situação de agravo à saúde mental desse indivíduo, logo ele deve ser tratado com a indicação médica adequada ao caso.

14.5 Dependência toxicológica

Os indivíduos acometidos de toxicomanias podem necessitar desse exame, pois a dependência toxicológica pode:

- ter nexo de causalidade com o ato delitivo;
- comprometer a cognição e a volição à época dos fatos e, portanto, ser inimputável.

Para isso, é necessário que o perito esteja atualizado no vasto conhecimento da Toxicologia Clínica e Forense, além, é claro, do comprometimento psiquiátrico envolvido. De modo geral:

- **casos graves** → crônicos, diversas internações psiquiátricas, atos impulsivos → **inimputáveis** em sua maioria;
- caso contrário, certamente, a depender do transtorno e dos aspectos anteriormente discutidos, acabam sendo imputáveis, exceto quando se trata de **embriaguez patológica**, ou seja, quando o indivíduo tem uma reação exacerbada do estado de embriaguez por desconhecimento desses efeitos – geralmente o primeiro uso.

Cabe trazermos aqui considerações sobre a Lei de Drogas, discutida também por Daniel Barros (2015):

> Segundo o art. 45, o periciando será considerado inimputável e encaminhado para tratamento, conforme parágrafo único. Já de acordo com o art. 46, o periciando será considerado semi-imputável e poderá ter sua pena reduzida.

14.6 Verificação de cessação de periculosidade

14.6.1 O que é periculosidade?

Palomba (2003) define como o "conjunto ou as circunstâncias que indicam a possibilidade de alguém praticar ou tornar a praticar um crime".

14.6.2 Em quem é realizado?

Nos indivíduos que se encontram em **medida de segurança** e, portanto, já foram considerados imputáveis. Existem algumas situações em que ocorre tal perícia médica:

- em casa de custódia → periodicamente realizado por peritos na instituição;
- em regime ambulatorial → perito da comarca;
- crônicos → tendência à manutenção da medida de segurança.

Trata-se de perícia muito delicada e complexa pelas consequências envolvidas. Uma vez verificada a cessação, o indivíduo ameaçador para a sociedade pode voltar a ela, e o perito deve se basear em elementos objetivos, certamente, para tal, e não é infrequente a ausência desses.

14.6.3 Como verificar a periculosidade?

Segundo Palomba (2003), há alguns aspectos a serem observados pelo *expert*:

- curva vital do indivíduo;
- morfologia do crime;
- ajuste que teve à vida frenocomial;
- distúrbios na fase de execução da medida de segurança;
- estado psíquico atual;
- meio que irá recebê-lo → importante tal constatação e reflexão, pois o meio pode influenciar sobremaneira a recidiva de transtornos mentais e, portanto, levar a cometer delitos novamente.

Referências

ALBANESE, John. A metric method for sex determination using the hipbone and the femur. *Journal of Forensic Sciences*, v. 48, n. 2, p. 263-273, 2003.

AMA. *Guides to the evaluation of work ability and return to work*. 2. ed. Chicago: American Medical Association, 2011.

ASPECTS, P.; TECHNIQUES, F. (n.d.). *Di Maio Gunshot Wounds*: practical aspects of firearms, ballistics, and forensic techniques. CRC press, 1999.

BARROS, Daniel Martins de; TEIXEIRA, Eduardo Henrique. *Manual de perícias psiquiátricas recurso eletrônico*. Porto Alegre: Artmed, 2015.

BONNET, Emilio Federico Pablo. *Psicopatología y psiquiatría forenses*. Buenos Aires: López Libreros, 1983.

BORZELLECA, Joseph F. Paracelsus: herald of modern toxicology. *Toxicological Science*, Oxônia, v. 53, n. 1, p. 2-4, 2000.

BROOKS, S.; SUCHEY, J. M. Skeletal age determination based on the os pubis: a comparison of the Acsádi-Nemeskéri and Suchey-Brooks methods. *Human Evolution*, v. 5, n. 3, p. 227-238, 1990.

CALVO, Pedro Lopez. *Investigação criminal y criminalística*. Bogotá: Temis, 2000.

CAÑADAS, Enrique Villanueva; CALABUIG, Gisbert. *Medicina legal y toxicológica*. 7. ed. Barcelona: Elsevier, 2018.

CARTILHA de orientação sobre perícias de investigação de vínculo genético. São Paulo: Instituto de Medicina Social e Criminologia de São Paulo – IMESC, 2016. p. 50.

CARVALHO, Hilário Veiga de. *Compêndio de medicina legal*. 2. ed. atual. São Paulo: Saraiva, 1992.

CARVALHO, Hilário Veiga de. Síntese criminiática. *Revista de Medicina*, São Paulo, v. 24, n. 82, p. 76-85, 1940.

CODEÇO, A. G. *Elementos básicos da perícia criminal*. Rio de Janeiro: Lélu, 1991.

DIAS FILHO, Claudemir Rodrigues. Cadeia de custódia: do local de crime ao trânsito em julgado; do vestígio à evidência. *Revista dos Tribunais*, São Paulo, v. 98, n. 883, p. 436-451, maio 2009.

DIGANGI, E. A.; BETHARD, J. D.; KIMMERLE, E. H.; KONIGSBERG, L. W. A new method for estimating age-at-death from the first rib. *American Journal of Physical Anthropology*, v. 138, n. 2, p. 164-176, 2009. Disponível em: https://doi.org/10.1002/ajpa.20916. Acesso em: 30 dez. 2021.

DOREA, Luiz Eduardo C.; QUINTELA, Victor; STUMVOLL, Victor Paulo. *Criminalística*. Campinas: Millennium, 2012.

DOREA, Luiz Eduardo C. *Local de crime*. Campinas: Millennium, 2012.

ERICKSON, E. *Criminalistics laboratory manual*. New York: Routledge, 2013.

ESPINDULA, Alberi. *Perícia cível e criminal*. Campinas: Millennium, 2013.

FÁVERO, Flamínio. *Medicina legal*. 12. ed. Belo Horizonte: Villa Rica, 1991.

FINKBEINER, Walter E. et al. *Autopsy pathology:* a manual and atlas. 3. ed. Philadelphia: Elsevier, 2015.

FISCHER, Barry; FISCHER, David. *Techniques of crime scene investigation.* 5. ed. Boca Raton: Taylor & Francis, 2012.

FRANÇA, Genival Veloso de. *Direito médico.* 15. ed. Rio de Janeiro: Forense, 2019.

FRANÇA, Genival Veloso de. *Medicina legal.* 11. ed. Rio de Janeiro: Guanabara Koogan, 2017.

GILBERT, B. M.; MCKERN, T. W. A method for aging the female os pubis. *American Journal Physical Anthropology,* v. 38, n. 1, p. 31-38, 1973.

GOMES, Hélio. *Medicina legal.* 32. ed. Rio de Janeiro: Livraria Freitas Bastos, 1997.

GUSMAN, Carlos A. *Manual de criminalística.* Ed. IB de F: Montevidéu, 2011.

HERCULES, H. de C. *Medicina legal*: texto e atlas. São Paulo: Atheneu, 2008.

HOUCK, M.; SIEGEL, J. *Fundamentals of forensic science.* 2. ed. Elsevier, 2010.

IŞCAN, M. Y.; LOTH, S. R.; WRIGHT, R. K. Age estimation from the rib by phase analysis: white females. *Journal of Forensic Sciences,* v. 30, n. 3, p. 853-863, 1985.

IŞCAN, M. Y.; LOTH, S. R.; WRIGHT, R. K. Age estimation from the rib by phase analysis: white males. *Journal of Forensic Sciences,* v. 29, n. 4, p. 1094-1104, 1984.

KLALES, A. R.; OUSLEY, S. D.; VOLLNER, J. M. A revised method of sexing the human innominate using Phenice's nonmetric traits and statistical methods. *American Journal of Physical*

Anthropology, v. 149, n. 1, p. 104-114, 2012. Disponível em: https://doi.org/10.1002/ajpa.22102. Acesso em: 30 dez. 2021.

LAMENDIN, H.; BACCINO, E.; HUMBERT, J. F.; TAVERNIER, J. C.; NOSSINTCHOUK, R. M.; ZERILLI, A. A simple technique for age estimation in adult corpses: the two criteria dental method. *Journal of Forensic Sciences*, v. 37, n. 5, 13327J, 1992. Disponível em: https://doi.org/10.1520/jfs13327j. Acesso em: 10 dez. 2020.

LANGLEY, F. A. The perinatal postmortem examination. *Journal of clinical pathology*, Manchester, v. 24, n. 2, p. 159-169, 1971.

LIMA, Agostinho José de Souza. *Tratado de medicina legal*. 5. ed. Rio de Janeiro: Livraria Editora Freitas Bastos, 1933.

LOCARD, E. *Traité de criminalistique I-VI*. Lyon: Desvigne, 1931.

LOMBROSO, Cesare. *O homem delinquente*. São Paulo: Ícone, 2007.

MARANHÃO, Odon Ramos. *Psicologia do crime*. 2. ed. modificada, 5. tir. São Paulo: Malheiros, 2008.

MELANI, Rodolfo Francisco Haltenhoff. *Contribuição para o estudo dos ângulos craniometricos de Rivet, Jaquard, Cloquet e Welquer através de análise cefalometrica em brasileiros*. 1995. Dissertação (Mestrado) – Universidade Estadual de Campinas, Faculdade de Odontologia de Piracicaba, Piracicaba, São Paulo, 1995.

MELO, N. D. *Da culpa e do risco: como fundamentos da responsabilidade civil*. 2. ed. rev., atual. e aumentada. São Paulo: Atlas, 2012.

MINISTÉRIO DA SAÚDE. Norma Técnica: Prevenção e Tratamento dos Agravos Resultantes da Violência Sexual contra Mulheres e Adolescente. 3. ed. *Normas e Manuais Técnicos – Série Direitos Sexuais e Direitos Reprodutivos – Caderno nº 6*, 2012.

MIZIARA, Ivan Dieb. *Manual prático de medicina legal*. São Paulo: Atheneu, 2014.

MUÑOZ, Daniel Romero; ALMEIDA, Marcos de. Estimativa da distância do disparo de arma de fogo através do exame necroscópico. *Saúde, Ética & Justiça*, São Paulo, v. 1, n. 1, p. 59-66, 1996.

NETTO, Amilcar da Serra e Silva. *Manual de atendimento a locais de morte violenta*. (SEJUSP-MS). Campinas: Millenium, 2016.

OLIVEIRA, Carina; VIEIRA, Duarte Nuno; CORTE-REAL, Francisco. *Nexo de causalidade e estado anterior na avaliação médico-legal do dano corporal*. Coimbra: Imprensa da Universidade de Coimbra, 2017.

PALMIOTTO, Michael J. *Criminal investigation*. 4. ed. Abingdon: Routledge, 2012.

PALOMBA, Guido Arturo. *Tratado de psiquiatria forense, civil e penal*. São Paulo: Atheneu, 2003.

PASSALACQUA, N. V. Forensic age-at-death estimation from the human sacrum. *Journal of Forensic Sciences*, v. 54, n. 2, p. 255-262, 2009. Disponível em: https://doi.org/10.1111/j.1556-4029.2008.00977.x. Acesso em: 30 dez. 2021.

SIMONIN, Camille. *Medicina legal judicial*. Barcelona: Editorial Jims, 1962.

SODERMAN, H. O'CONNELL, J. J. *Modern criminal investigation*. 5. ed. Funk & Wagnalls Company, 1962.

SPINA, VPL et al. Avaliação pericial nos danos associados aos cuidados de saúde "erro médico". *Revista Perspectivas*, v. 5, n. 1, fev. 2020; v. 4, n. 3, out. 2019. Suplemento: Anais do Congresso Sul Sudeste ABMLPM, v. 4, n. 3, out. 2019; v. 4, n. 2, jun. 2019.

TROTTER, M.; GLESER, G. C. A re-evaluation of estimation of stature based on measurements of stature taken during life and of long bones after death. *American Journal Physical Anthropology*, v. 16, n. 1, p. 79-123, 1958.

UDELSMANN, ARTUR. Responsabilidade civil, penal e ética dos médicos. *Revista da Associação Médica Brasileira*, v. 48, n. 2, p. 172-182, 2002.

WALKER, P. L. Sexing skulls using discriminant function analysis of visually assessed traits. *American Journal of Physical Anthropology*, v. 136, n. 1, p. 39-50, 2008. Disponível em: https://doi.org/10.1002/ajpa.20776. Acesso em: 30 dez. 2021.

VELHO, Jesus Antonio; GEISER, Gustavo C. *Ciências forenses*. Campinas: Millennium, 2017.

WATERS, Thomas A. Heat illness: tips for recognition and treatment. *Cleveland Clinic Journal of Medicine*, Cleveland, v. 68, n. 8, p. 685-687, 2001.

WINGATE, Todd, T.; LYON, D. W. Cranial suture closure. *American Journal Physical Anthropology*, v. 8, 1925. 23t.